AUSTRALIAN SHEPHERD

von Claudia Bosselmann

AUSTRALIAN SHEPHERD
CHARAKTER – ERZIEHUNG – GESUNDHEIT

Impressum

Copyright © 2008 by Cadmos Verlag GmbH, Brunsbek
Gestaltung und Satz: Ravenstein + Partner, Verden
Titelfoto: JBTierfoto
Fotos: JBTierfoto, falls nicht anders angegeben
Lektorat: Dorothee Dahl
Druck: agensketterl Druckerei, Mauerbach

Alle Rechte vorbehalten.

Abdruck oder Speicherung in elektronischen Medien nur nach
vorheriger schriftlicher Genehmigung durch den Verlag.

Printed in Austria

ISBN 978-3-86127-759-0

INHALT

Vorwort 7

**Der Australian Shepherd –
ein waschechter Amerikaner**   8
  Historische Entwicklung der Rasse   9
  Der Anfang der Reinzucht 11
  Aussies auf dem Weg nach Europa .. 11
  Der FCI-Rassestandard 13
  Die Arbeitsweise
  des Australian Shepherd 18
  Charakter 19

**Glücklich leben mit
Australian Shepherds** 24
  Grundsätzliches zur Anschaffung
  eines Aussies 25
  Auf der Suche nach einem
  geeigneten Züchter und
  warum sich Warten lohnt 26
  Auswahl des Hundes 30
  Zuchtverbände für
  Australian Shepherds 31

Ein Australian Shepherd zieht ein ... 33
  Die ersten Tage im neuen Zuhause 34
  Eine gute Basis schaffen 37
  Die körperliche Entwicklung 38
  Welpenspielgruppe und Hundeschule .. 38

**Australian Shepherds
richtig erziehen** 40
  So werden Sie ein gutes Team 41
  Trainingstipps für
  die Arbeit mit Aussies 41
  Spaziergang ist Training 44
  Begegnung mit anderen Hunden 46

Inhalt

Aktive Hunde für
aktive Menschen 48
- Begleithundprüfung 49
- Agility 51
- Obedience 52
- Turnierhundesport 53
- Fährtenarbeit 54
- Dog-Frisbee 56
- Flyball 57
- Dogdancing 58
- Treibball 59
- Der Aussie als Reitbegleithund 59
- Der Aussie als Rettungshund 60
- Der Aussie als Service- oder Therapie-/Sozialhund 61
- Mit dem Aussie zur Hundeausstellung 62

Ernährung, Pflege
und Gesundheit 64
- Ernährung 65
- Regelmäßige Pflege – gewusst wie .. 66
- Gesundheit 68

Die Autorin 75

Danke 76

Literatur und Adressen 78

Stichwortregister 79

Vorwort

Der Australian Shepherd wurde ursprünglich als Ranchhund in den USA gezüchtet. Seine Aufgaben waren vielfältiger Natur, denn er war nicht nur für das Treiben von Rindern, Schafen und Enten zuständig, sondern auch dafür, die Ranch und die Viehherden zu bewachen. Er war die rechte Hand des Ranchers, loyaler Gefährte und Familienmitglied. Um glücklich zu sein, braucht der Australian Shepherd Aufgaben. Diese können unterschiedlicher Natur sein, denn der Aussie ist ein sehr vielseitiger Hund mit vielen Begabungen. Seine Intelligenz macht den Australian Shepherd jedoch zu einem Hund, mit dem es auch schwierig werden kann. Neben der Beschreibung der Hunderasse geht dieses Buch auf die Besonderheiten des Charakters der Aussies ein und erläutert, was man bei der Erziehung eines Australian Shepherds beachten sollte. Es beschreibt die Einsatzmöglichkeiten bei Freizeitaktivitäten, im Hundesport, als Rettungshund oder auch als Therapiehund – bei den vielseitig interessierten Aussies darf es gern von allem ein bisschen sein. Es ist ein Buch rund um den Aussie, das Fragen zur Rasse, Anschaffung und Haltung eines Australian Shepherd beantwortet. Sie erfahren, was es zu beachten gibt, um mit den treuen, anhänglichen, aber auch lebhaften und durchaus anspruchsvollen Aussies glücklich zu leben.

Der Australian Shepherd – ein waschechter Amerikaner

Obwohl es sein Name vermuten lässt, stammt der Australian Shepherd tatsächlich nicht aus Australien, sondern ist ein waschechter Amerikaner. Liebevoll wird er „Aussie" abgekürzt, in manchen Rassebeschreibungen erscheint er auch als Australischer Schäferhund.

Historische Entwicklung der Rasse

Es gibt zahlreiche Theorien über den Ursprung des Australian Shepherd. Was eindeutig feststeht ist jedenfalls, dass sich diese Rasse in ihrer Rein- zucht ausschließlich in den USA entwickelt hat. Es gab sogar Bestrebungen in den USA, den Australian Shepherd in American Shepherd umzutaufen; dies war jedoch nicht von Erfolg gekrönt. Die Rasse erhielt den Namen Australian Shepherd, weil angenommen wird, dass um 1800 baskische

Über die Herkunft vieler Rassen ist sicher wenig bekannt. In Bezug auf den Australian Shepherd gibt es darüber hinaus sehr unterschiedliche Theorien: dass er australischer Herkunft ist, dass er wirklich eine echte baskische Rasse oder dass er von alter spanischer Herkunft ist. Die Untersuchungen, die ich angestellt habe, zeigen, dass keine der oben genannten Theorien die gesamte Geschichte beschreibt, aber gemeinsam mögen sie eine Rolle spielen.

Die kalifornische Geschichte erzählt, dass – obwohl es viele Schafherden in spanischen Missionen gab – die Anzahl der Schafe im Westen in der Zeit vor dem Goldrausch Anfang 1840 stark rückläufig war. Der Goldrausch und der Bürgerkrieg brachten eine große Nachfrage nach Schaffleisch und Wolle mit sich. Um diese Nachfrage zu decken, wurden aus dem Mittelwesten und aus New Mexico große Schafherden eingeführt. Schafe wurden auch aus den östlichen amerikanischen Staaten und von Australien importiert. Begleitet wurden diese Schafe später von Hunden, die zum Werdegang des Australian Shepherd beitrugen.

Obwohl nur eine geringe Anzahl der Arbeitshunde im amerikanischen Westen australischer Herkunft waren und die Farbe Merle auch bei nicht australischen Hunden üblich war, kam die Verbindung zwischen Australien und dem merlefarbenen Hütehund über diesen Weg zustande: Menschen, die beobachteten, wie die Schafe aus Australien an ihrem Ankunftsort ausgeladen wurden, haben die merlefarbenen Hunde gesehen, die die Schafe begleitet haben. Dann brachten sie die Farbe und generelle Erscheinung der Hunde in Verbindung mit ähnlichen Hütehunden in ihrer Umgebung. Unabhängig davon, welchen Hintergrund diese individuellen Hunde hatten, wurden sie einfach „Australian Shepherds" genannt. Mein großer bluemerlefarbener Sheltie wurde oft als Australian Shepherd bezeichnet, nur aufgrund seiner Farbe und seiner Erscheinung. Es ist typisch für Menschen, Farben und Rassen miteinander in Verbindung zu bringen.

Auszug aus Australian Shepherd History von Linda Rorem (ursprünglich im Dog World Magazine erschienen)

Die Farbe Bluemerle war eines der ersten Erkennungsmerkmale des Aussies.

Schafhirten bei ihrer Einwanderung von Australien nach Amerika diese Hunde mitbrachten.

Der Aussie war durch seine vielfachen Begabungen und Talente sowie durch die Leichtigkeit bei der Ausbildung ein nützlicher Hund für die Ranches und Farmen. Die Farmer und Rancher sorgten für die Weiterentwicklung der Rasse und für die Erhaltung der vorteilhaften Eigenschaften dieser Hunde: ihrer scharfen Intelligenz, der Hüteinstinkte, der Wachsamkeit sowie ihres attraktiven Erscheinungsbildes: Dies hat schon immer die Bewunderung vieler Hundeliebhaber auf sich gezogen, denn jeder einzelne Hund ist tatsächlich ein Unikat in Zeichnung und Farbe. Darüber hinaus zeigen alle Australian Shepherds eine sehr hohe Anhänglichkeit gegenüber ihrer Familie und sind loyale und treue Gefährten. Alle diese guten Eigenschaften haben dazu geführt, dass sich der Australian Shepherd steigender Beliebtheit erfreut.

Die Bekanntheit des Australian Shepherd nahm nach dem Zweiten Weltkrieg parallel zur schnellen Entwicklung der Westernreiterei zu, welche durch Rodeos, Pferderennen, Kino- und Fernsehberichte populär wurde. Dazu hat eine Person ganz besonders beigetragen: Jay Sisler, ein Rodeoteilnehmer und Rancher aus Idaho. Er sorgte in den Fünfziger- und Sechzigerjahren für die wachsende Popularität des Aussies und nationale Anerkennung. Jay und seine Aussies erfreuten Rodeobesucher in den USA und in Kanada mit zahlreichen beeindruckenden und faszinierenden Tricks. Tatsächlich waren diese Hunde so einzigartig und begeisternd, dass die Walt-Disney-Studios zwei Filme mit ihnen produzierten: *Stub, The World Greatest Cow Dog* und *Run, Appaloosa, Run*.

Der Anfang der Reinzucht

1957 wurde der Australian Shepherd Club of America (ASCA) gegründet. Die Registrierung der Hunde wurde damals durch das National Stock Dog Registry (NSDR) übernommen. Im Jahr 1966 eröffnete die International Australian Shepherd Association (IASA) ihr erstes Zuchtbuch. Im Jahr 1972 übernahm der ASCA als Stammklub die offizielle Registrierung aller Australian Shepherds und wurde dann nach dem Zusammenschluss mit der IASA 1979 zum größten Einzelrasseklub Nordamerikas. Von diesem Zeitpunkt an wurde das Zuchtbuch für Australian Shepherds nur noch vom ASCA geführt. Der erste offizielle Rassestandard des ASCA trat 1977 in Kraft. Der Australian Shepherd hat in seinem Heimatland eine enorme Verbreitung erfahren, so waren im Jahr 1978 beim ASCA 6.000 Australian Shepherds registriert, im Jahr 1989 waren dies bereits 50.000 Hunde.

Der American Kennel Club (AKC) eröffnete 1991 ein Zuchtbuch für Australian Shepherds und veröffentlichte 1993 einen eigenen Rassestandard. Mit der Anerkennung der Rasse durch den AKC wurde der Verbreitung der Rasse noch einmal Vorschub geleistet.

Aussies lernen gerne alle möglichen Arten von Tricks – hier „Bitte".

Aussies auf dem Weg nach Europa

Das Westernreiten wurde jedoch nicht nur in den USA immer bekannter, auch in Europa erfreute es sich in den Siebziger- und Achtzigerjahren steigenderer Beliebtheit. So kamen mit den ersten Quarter Horses auch die ersten Australian Shepherds nach Europa. Anfänglich waren die Aussies hauptsächlich in Westernreiterkreisen zu finden. Ihr auffälliges Äußeres und ihr Tem-

Der Standard beschreibt den Aussie als mittelgroßen Hund mit einer mittleren Knochenstärke. Hier ein Rüde in der Farbe Black-Tri.

perament begeisterten später aber auch viele Hundeliebhaber außerhalb dieser Szene, sodass der Aussie mittlerweile relativ stark in Europa verbreitet ist. Derzeit kann man den Australian Shepherd als „Modehund" bezeichnen, leider mit allen negativen Auswirkungen, die eine solche Entwicklung mit sich bringt. Er ist ein sehr attraktiver Hund; sein außergewöhnliches Erscheinungsbild sollte jedoch nicht darüber hinwegtäuschen, dass er durch und durch ein Arbeiter ist, der Aufgaben braucht, um glücklich zu sein. Er sollte sein Dasein nicht als reiner Begleithund fristen müssen.

Anfänglich wurde die Zucht in Europa hauptsächlich im ASCA betrieben. 1996 wurde die Rasse durch die Fédération Cynologique Internationale (FCI) auf Initiative einiger Aussie-Liebhaber aus der Schweiz vorläufig anerkannt. Als Rassestandard wurde der vom AKC erstellte Rassestandard übernommen, da der AKC Vertragspartner der FCI ist. Im Mai 2007 wurde der Australian Shepherd auf der Generalversammlung der FCI in Acapulco endgültig als Rasse anerkannt.

Mit der vorläufigen Anerkennung der Rasse begann in Deutschland dann auch die Zucht im Verband für das Deutsche Hundewesen (VDH). Der erste Wurf Australian Shepherds im VDH wurde 1996 gezogen. Anfänglich unterstand der Australian Shepherd als sogenannte unbetreute Rasse direkt dem VDH. 2004 wurde der Club für Australian Shepherds Deutschland e.V. (CASD) als erster zuchtbuchführender Verein vorläufiges Mitglied des VDH und ist seither für die Rasse innerhalb des VDH verantwortlich.

Ein waschechter Amerikaner

Der FCI-Rassestandard

Am 21.05.2007 wurde der endgültige Rassestandard Nr. 342 für den Australian Shepherd von der FCI veröffentlicht:

Ursprung: USA
Verwendung: Hüte- und Wachhund
Klassifikation FCI: Gruppe 1 – Hütehunde und Treibhunde (ausgenommen Schweizer Sennhunde)
Sektion: Schäferhunde/Ohne Arbeitsprüfung

Allgemeines Erscheinungsbild:
Der Australian Shepherd ist gut proportioniert, etwas länger als hoch und von mittlerer Größe und Knochenstärke. Die Farben seines Haarkleides haben eine große individuelle Variationsbreite. Er ist aufmerksam und lebhaft, geschmeidig und beweglich, kräftig und gut bemuskelt, jedoch ohne jede Schwere. Sein Haar ist mittellang und mäßig grob. Er hat entweder eine kupierte oder eine natürliche Stummelrute. (Anmerkung: Seit 01.06.1998 besteht in Deutschland ein Kupierverbot; deshalb sieht man Aussies hier, bedingt durch die genetische Besonderheit der natürlichen Stummelrute, in allen möglichen Rutenlängen. Im Englischen wird sie Natural Bobtail [NBT] genannt und kommt auch in anderen Hütehunderassen vor.)

Wichtige Maßverhältnisse:
Die Länge des Rumpfes (von der Brustbeinspitze zum Sitzbeinhöcker gemessen) ist etwas größer als die Widerristhöhe. Der Australian Shepherd ist etwas länger als hoch.

Körperbau:
Robust, Knochenstärke mäßig. Der Körperbau des Rüden ist geschlechtstypisch kräftig, ohne jedoch derb zu wirken. Die Hündin ist sehr weiblich in ihrem Aussehen, jedoch ohne jegliche Schwäche in ihrem Knochenbau.

Verhalten/Charakter (Wesen):
Der Australian Shepherd ist ein intelligenter Arbeitshund mit ausgesprochenem Hüte- und Bewachungsinstinkt. Er ist ein pflichtgetreuer Gefährte und fähig, mit Ausdauer den ganzen Tag zu

So soll es sein: Aufmerksam und freundlich, mit einem Ausdruck, in dem sich die Intelligenz des Hundes widerspiegelt.

arbeiten. Er ist charakterlich ausgeglichen und gutmütig, selten streitsüchtig. Beim ersten Kontakt mag er etwas reserviert sein. Jede Spur von Scheu, Ängstlichkeit oder Aggressivität muss streng bestraft werden. (Anmerkung: Gemeint ist hier eine Sanktionierung des Züchters, niemals die eines scheuen oder ängstlichen Hundes.)

Kopf:

Mit sauberen Umrisslinien, kräftig und trocken steht der Kopf in einem guten Größenverhältnis zum Körper.

Ein Hund in der Farbe Redmerle mit zwei unterschiedlichen Augenfarben – jeder Aussie ist allein durch seine Farbgebung ein absolutes Individuum.

Oberkopf:

Schädel: Das Schädeldach ist flach bis leicht gewölbt. Der Hinterhauptstachel kann etwas sichtbar sein. Die Schädellänge entspricht der Schädelbreite.
Stopp: Der Stopp ist mäßig ausgeprägt.

Gesichtsschädel:

Nasenschwamm: Bei Hunden mit der Farbe Bluemerle und bei Hunden mit schwarzem Haarkleid sind der Nasenschwamm und die Lippen schwarz pigmentiert, bei Redmerle und Hunden mit rotem Haarkleid leberfarben (braun). Bei den merlefarbenen Hunden sind kleine rosarote Flecken zulässig. Diese sollten jedoch bei Hunden, die älter als einjährig sind, nicht mehr als 25 Prozent der Fläche des Nasenschwamms einnehmen; sonst ist es ein schwerer Fehler.
Fang: Er ist gleich lang oder etwas kürzer als der Schädel. Von der Seite gesehen verlaufen die Begrenzungslinien von Schädel und Fang parallel. Der Stopp ist mäßig ausgebildet, aber deutlich umrissen. Der Fang verjüngt sich nur wenig vom Ansatz bis zum Nasenschwamm und ist am Ende abgerundet.
Zähne: Komplettes Scherengebiss mit kräftigen weißen Zähnen, Zangengebiss wird toleriert.
Augen: Sie sind braun, blau, bernsteinfarben, oder ihre Farbe ist eine Kombination oder Variation dieser Farben, auch gefleckt oder marmoriert. Mandelförmig, weder vorstehend noch eingesunken. Die Bluemerle und die Hunde mit schwarzem Haarkleid weisen eine schwarze Augenumrandung auf, die Redmerle und die Hunde mit rotem Haarkleid zeigen eine leberfarbene (braune) Pigmentierung. Ausdruck: aufmerksam und intelligent, wachsam und lebhaft. Der Blick ist durchdringend, aber freundlich.
Ohren: Dreieckig, von mäßiger Größe und Dicke, hoch am Kopf angesetzt. Bei voller Aufmerksamkeit

Ein waschechter Amerikaner

kippen die Ohren nach vorn oder nach der Seite wie ein Rosenohr. Stehohren und Hängeohren sind schwere Fehler.

Hals:
Kräftig, von mäßiger Länge, Oberlinie leicht gewölbt. Der Hals geht harmonisch in die Schulterpartie über.

Körper:
Oberlinie: Der Rücken ist gerade und kräftig, fest und verläuft horizontal vom Widerrist bis zu den Hüften.

Kruppe: mäßig abfallend

Brust: Nicht breit, dafür aber tief: Sie reicht an ihrem tiefsten Punkt bis zur Höhe der Ellenbogen.

Rippen: Lang und gut gewölbt; der Brustkorb ist weder tonnenförmig noch flach.

Untere Profillinie und Bauch: mäßig aufgezogen

Rute: Gerade, naturbelassene Länge oder mit natürlicher Stummelrute. Sofern kupiert (nur in den Ländern, die kein Rutenkupierverbot erlassen haben) oder mit natürlicher Stummelrute nicht länger als zehn Zentimeter (vier Inches).

Der Natural Bobtail (NBT) ist eine genetische Besonderheit dieser Rasse – auf diesem Foto ein Rüde mit einer viertellangen Rute.

Ein Aussie soll sich mühelos, geschmeidig und frei bewegen können. (Foto: Vollberg)

Gliedmaßen:

Vorderhand
Schultern: Schulterblätter lang, flach und gut schräg gelagert; Schulterblattkuppen am Widerrist ziemlich nah beieinanderliegend.
Oberarm: Sollte ungefähr gleich lang sein wie das Schulterblatt, er steht ungefähr in einem rechten Winkel zum Schulterblatt, mit geraden und senkrecht zum Boden stehenden Vorderläufen.
Läufe: Gerade und kräftig, Knochen stark und eher von ovalem als von rundem Querschnitt.
Vordermittelfuß: Von mittlerer Länge, sehr leicht schräg, Afterkrallen können entfernt werden.
Vorderpfoten: Oval, kompakt, mit eng aneinanderliegenden, gut gewölbten Zehen. Ballen dick und elastisch.

Hinterhand
Die Breite der Hinterhand ist ungefähr gleich wie die der Vorderhand auf Schulterhöhe. Die Winkelung des Beckens zum Oberschenkel stimmt mit der Winkelung des Schulterblattes zum Oberarm überein und entspricht ungefähr einem rechten Winkel.
Kniegelenk: ausgeprägt
Sprunggelenke: mäßig gewinkelt
Hintermittelfuß: Kurz, von hinten gesehen senkrecht und parallel gestellt. Afterkrallen müssen entfernt werden.
Hinterpfoten: Oval, kompakt, mit eng aneinanderliegenden, gut gewölbten Zehen. Ballen dick und elastisch.

Gangwerk:
Die Gangart des Australian Shepherd ist geschmeidig, leicht und frei. Er ist sehr behände, mit einem harmonischen, raumgreifenden Bewegungsablauf. Vorder- und Hinterläufe bewegen sich gerade und parallel zur mittleren Achse des Körpers. Bei zunehmender Geschwindigkeit nähern sich Vorder- und Hinterpfoten der mittleren Schwerpunktlinie des Körpers, während der Rücken fest und gerade bleibt. Der Australian Shepherd muss flink und fähig sein, augenblicklich einen Richtungswechsel vorzunehmen oder eine andere Gangart einzuschlagen.

Haarkleid:
Haar: Von mittlerer Textur, gerade bis gewellt, wetterbeständig und von mittlerer Länge. Die Dichte der Unterwolle ändert sich den klimatischen Bedingungen entsprechend. Das Haar ist kurz und glatt am Kopf, an den Ohren, an der Vorderseite der Vorderläufe und unterhalb der

Sprunggelenke. Die Hinterseiten der Vorderläufe und die „Hosen" sind mäßig befedert. Mähne und Halskrause sind mäßig ausgebildet, bei den Rüden mehr als bei den Hündinnen. Ein atypisch beschaffenes Haarkleid ist ein schwerer Fehler.

Farbe des Haares: Bluemerle, Schwarz, Redmerle, Rot, alle mit oder ohne weiße Abzeichen und/oder kupferfarbenen „Brand"-Abzeichen; keine Farbe soll der anderen vorgezogen werden. Die Haarlinie des weißen Kragens darf nicht weiter als bis zum Widerrist reichen. Weiß ist zulässig am Hals (ganzer oder unvollständiger Kragen), an der Brust, an den Läufen, an der Unterseite des Fangs, Blesse am Kopf und weiße Unterseite des Körpers, welche, von einer horizontalen Linie in Ellenbogenhöhe an gemessen, sich bis zu einer Länge von zehn Zentimetern (vier Inches) ausdehnen darf. Weiß am Kopf soll nicht vorherrschen und die Augen sollen vollständig von Farbe und Pigment umgeben sein. Es ist charakteristisch, dass bluemerlefarbene Hunde mit zunehmendem Alter dunkler werden.

Größe:

Die bevorzugte Widerristhöhe ist 51–58 Zentimeter (20–23 Inches) für Rüden und 46–53 Zentimeter (18–21 Inches) für Hündinnen. Bei der Beurteilung der Größe ist die Qualität des Hundes wichtiger als eine leichte Abweichung von der Idealgröße.

Der Unterschied zwischen Hündin und Rüde soll auf Anhieb deutlich erkennbar sein.

Fehler:
Jede Abweichung von den vorgenannten Punkten muss als Fehler angesehen werden, dessen Bewertung in genauem Verhältnis zum Grad der Abweichung stehen sollte.

Ausschließende Fehler:
- Aggressiv oder ängstlich
- Vor- und Rückbiss. Kontaktverlust durch kurze zentrale Schneidezähne bei sonst korrektem Gebiss soll nicht als Vorbiss beurteilt werden; durch Unfall abgebrochene oder fehlende Zähne dürfen nicht bestraft werden.
- Weiße Flecken am Körper, das heißt zwischen Widerrist und Rute und seitlich zwischen Ellenbogen und Hinterseite der Hinterläufe; dies ist gültig für alle Farben.
- Hunde, die deutlich physische Abnormitäten oder Verhaltensstörungen aufweisen, müssen disqualifiziert werden.
- Rüden sollen zwei normal entwickelte Hoden aufweisen, die sich vollständig im Hodensack befinden.

Die Arbeitsweise des Australian Shepherd

Wie bereits geschildert, wurde der Australian Shepherd als vielseitiger Ranchhund gezüchtet. Um viele seiner Verhaltensweisen zu verstehen, muss man wissen, wie der Hund seine tägliche Arbeit am Vieh verrichtet.

Seine Aufgabe war es, nicht nur große Herden von der Winter- zur Sommerweide zu treiben, sondern verschiedene Tiere auf der Ranch auch auf engem Terrain zu bewegen, was eine seiner besonderen Stärken darstellt. Dafür benötigt der Australian Shepherd sehr viel Ausdauer und ein gutes Gefühl dafür, mit welchem Druck und mit welcher Distanz er arbeiten muss, um die verschiedenen Tiere (Enten, Ziegen, Schafe oder Rinder) zu treiben.

Er zählt im Gegensatz zum Border Collie, der mit viel Auge hütet, zu den Loose-Eyed-Hütehunden. Der Australian Shepherd setzt mehr Bewegung als Auge ein. Er ist ein selbstsicherer, autoritärer Arbeiter. Er ist sehr agil und arbeitet aufrecht und eng am Vieh. Der Hund treibt die Herde in einem mühelosen, ausbalancierten und raumgreifenden Trab, in dem er hinter den Tieren pendelt. Um ausgebrochenes oder unwilliges Vieh zu treiben, nutzt der Australian Shepherd auch seinen Biss. Er kneift dabei entweder in die Füße des Tieres oder in den Kopf. Er benötigt dazu eine ausgeprägte Athletik und Mut, denn wenn er so nah am Vieh arbeitet, muss er sich selbst auch vor schlagenden Hufen oder Hörnern in Sicherheit bringen. Er nutzt auch sein autoritäres Bellen, um

Ein waschechter Amerikaner

Dieser Aussie treibt mit Souveränität und Ruhe die Schafe vor sich her – etwas, das nie in eine wilde Hetzerei der zu hütenden Tiere ausarten darf.

das Vieh zu bewegen. Aussies hüten in bestimmten Situationen auch mit dem Einsatz ihrer Augen, bevorzugen es aber, vor allem ihre Präsenz und Autorität zu nutzen.

Darüber hinaus wurde der Australian Shepherd auf den Farmen auch als Wachhund und Beschützer eingesetzt.

Charakter

Aus der Beschreibung seiner Arbeitsweise und seiner ursprünglichen Verwendung lässt sich auch auf den Charakter des Hundes schließen. Der Australian Shepherd ist wachsam, neigt zum Bellen, kann sehr viel Autorität zeigen, ist selbstsicher, aber auch loyal und treu, außerdem leichtführig und intelligent. Darüber hinaus darf der Australian Shepherd auch reserviert gegenüber Fremden sein, sollte jedoch nicht scheu oder ängstlich sein.

Er kommt auch mit anderen Tieren im Haushalt sehr gut zurecht und eignet sich für die Rudelhaltung. Viele Australian Shepherds leben in Mehrhundehaushalten, da von der „Aussiemanie" schon viele Rasseliebhaber ergriffen wurden. Da bleibt es oft nicht bei einem Aussie.

Aussies können vom Temperament her sehr unterschiedlich sein. Manche haben einen hohen Wach- und Beschützerinstinkt, andere einen starken Hüteinstinkt und Triebstärke; sie können sehr leichtführig, willig und kooperativ sein, wobei das eine das andere nicht ausschließt. Das Temperament-Repertoire reicht beim Aussie also vom Couch Potato bis hin zum fleißigen Arbeiter. Eines haben aber alle gemeinsam: Wird keine Arbeit

Aussies sind nicht nur vom Aussehen her sehr individuell, auch ihr Temperament kann sehr unterschiedlich sein.

von ihnen verlangt, zum Beispiel im Haus, sind die Hunde ruhig und fordern nicht ständig. Wenn es zur Arbeit geht oder einfach nur nach draußen zum Spielen oder Spazierengehen, sind die Hunde hellwach – dann ist ihre Zeit gekommen.

Ich möchte an dieser Stelle auf einige Spezialthemen eingehen, die immer wieder von Australian-Shepherd-Interessenten nachgefragt werden:

Rüde oder Hündin?

Das ist eine schwierige Frage, die ich lieber anhand des individuellen Hundes beantworte. Ich halte es für ein Gerücht, dass Hündinnen anhänglicher als Rüden sind oder umgekehrt. Es gibt jedoch einige praktische Aspekte: Die Hündin wird in der Regel zweimal im Jahr läufig; der Rüde markiert gern, was Hündinnen aber auch hin und wieder gern tun. Rüden können unter Umständen auf andere Rüden etwas ungehaltener reagieren und erfordern in solchen Situationen mehr Führung. Aber auch Hündinnen können zickig und schwierig im Umgang mit anderen Hunden sein. Und nun?, werden Sie sich fragen. Meine Antwort: Wählen Sie den passenden Welpen, unabhängig vom Geschlecht, es sei denn, Sie müssen aus bestimmten Gründen Prioritäten setzen (zum Beispiel viele Hündinnen in der Nachbarschaft). In der Regel sind mit dem Geschlecht verschiedene Verhaltensweisen verknüpft. Verhalten hat aber auch eine sehr hohe Erblichkeit, weshalb Sie die Eltern ihres geplanten Welpen in dieser Hinsicht sehr sorgfältig beurteilen sollten. Natürlich müssen nicht alle Hunde einfach und easy going sein, das Verhalten der Hunde darf sich in gewissem Rahmen durchaus unterscheiden. Jeder Hundeführer hat aber mehr oder weniger

Erfahrung mit Hunden. So sollte sich ein Anfänger nicht mit einem schwierigen Hund auseinandersetzen müssen, der eventuell für einen erfahrenen Hundeführer viel besser geeignet wäre und dort ein toller und glücklicher Hund wäre.

Eignet sich der Hund für Kleinkinder?

Prinzipiell ja, aber Sie sollten beachten, dass Kinder bis zu einem gewissen Alter noch nicht in der Lage sind, den Hund als eigenständiges, fühlendes Lebewesen zu erfassen. Es kann also passieren, dass die Kinder den Hund als Plüschtierersatz sehen und ihn auch als solchen behandeln. Hier kann es zu unerwünschten Situationen kommen. Empfehlenswert ist also, den Hund erst dann anzuschaffen, wenn die Kinder etwas älter sind und im Umgang mit dem Hund auch angewiesen werden können. Wichtig sind darüber hinaus unbedingt Ruhezeiten für den Hund, denn sonst kann ein andauernder Lärmpegel und Unruhe Stress verursachen, der sich wiederum in Verhaltensauffälligkeiten niederschlagen könnte. Sie sollten sich jedoch auch ehrlich fragen, ob Sie individuelle Zeit für den Hund neben den Kindern zur Verfügung haben, denn auch die Ansprüche des Hundes müssen natürlich befriedigt werden. Zu wenig Zeit für den Hund wäre fatal, denn viele Hunde mit einem sehr ausgeprägten Hütetrieb hüten dann Ihre Kinder, wenn sie zu wenige andere Aufgaben haben.

Eignet sich ein Hund für Jugendliche als Sportpartner?

Bei vielen Jugendlichen entsteht der Wunsch, mit einem Hund Hundesport zu betreiben. Das ist

Australian Shepherds können für Jugendliche tolle Sportpartner sein. Wichtig ist aber, dass die Eltern dahinterstehen und ihren Sohn oder ihre Tochter bei der Hundehaltung anleiten und unterstützen.

durchaus ein positives Unterfangen, denn die Übernahme der Verantwortung für ein Tier hat positive Auswirkungen auf das Pflichtgefühl. Allerdings sollten es sich die Eltern bewusst machen, dass sie irgendwann für ihren Sohn oder ihre Tochter einspringen müssen, wenn sich möglicherweise die Interessenlage ändert, was bei Heranwachsenden durchaus normal ist. Als Eltern steht man also von Anfang an mit in der Verantwortung.

Diese beiden Hündinnen leben zusammen und sind ein tolles Team – zu zweit macht es eben noch mehr Spaß. Beim Spiel mit dem Stock ist aufgrund der Verletzungsgefahr allerdings Vorsicht geboten.

Eignet sich der Aussie für Rudelhaltung?
Diese Frage kann ohne Weiteres mit Ja beantwortet werden. Allerdings ist es sinnvoll, dabei gewisse Regeln einzuhalten. Die Hunde sollten vom Alter her mindestens zwei Jahre auseinanderliegen. Wenn der erste Hund definitiv gut erzogen und folgsam ist, sich also in allen Umweltsituationen sicher führen lässt, dann hat man eine gute Voraussetzung dafür, dass sich eventuelle Probleme nicht verdoppeln oder gar verdreifachen. Sie selbst sollten möglichst schon ein erfahrener Hundehalter sein, um im großen Rudel den richtigen Platz einzunehmen und die Hunde führen zu können. Rudelhaltung ist hochinteressant: Im gemeinsamen Leben mit mehreren Hunden erlebt man ganz andere Facetten des Hundes. Bitte planen Sie unbedingt individuelle Zeit für alle ihre Hunde ein. Das Zusammenleben macht den Hunden zwar Spaß und sie können gemeinsam rennen und spielen, aber gerade der Aussie benötigt trotzdem auch immer wieder Ihre ungeteilte Aufmerksamkeit. Die Zusammensetzung der Geschlechter muss gut überlegt werden, unkastrierte Rüden und Hündinnen müssen während der Läufigkeit

getrennt werden, was unter Umständen sehr viel Stress für Hunde und Halter mit sich bringen kann. Meist hat Ihr Hund ein Faible für irgendein Geschlecht, eine Tatsache, die man auch als Entscheidungshilfe hinzuziehen kann. Sie sollten sich aber immer bewusst sein, dass es auch schiefgehen kann und manchmal traurige Entscheidungen getroffen werden müssen, wenn ein Rudel nicht funktioniert. Es sind künstlich zusammengestellte Gruppen, bei denen es niemals eine Garantie für ein funktionierendes Zusammenleben geben kann.

Zusammenleben mit anderen Haustieren?

Der Aussie kann auch gut mit anderen Haustieren zusammenleben. Anfänglich muss man das Verhalten gegenüber den anderen Haustieren natürlich beobachten und Fehlverhalten korrigieren. Eigentlich kann man eine Annäherung an andere Haustiere nicht wirklich als Fehlverhalten interpretieren, da hier die Neugierde und das Spiel im Vordergrund stehen. Trotzdem muss dies im Sinne aller Beteiligten richtig kanalisiert werden. Vereinfacht wird das Zusammenführen von verschiedenen Tieren, wenn der Welpe bereits andere Tiere kennt oder die Haustiere schon an Hunde gewöhnt sind. Sie reagieren dann selten panisch beim Anblick eines Hundes.

Einen Aspekt darf man jedoch nicht vergessen: Andere Haustiere, zum Beispiel Pferde, können auch gefährlich für Ihren Welpen werden. Kontrollieren Sie also immer, was der Welpe tut. Ich habe gerade beim Kontakt mit Pferden schon von

vielen schwerwiegenden Unfällen gehört, die teilweise sogar tödlich für den Hund endeten. Denken Sie daran, dass Sie einen Hütehund haben, der für das Hüten gezüchtet wurde. Es kann sehr gut sein, dass er die Eigeninitiative übernimmt. Unterbinden Sie das von Anfang an und lassen Sie den Hund nur unter Kontrolle arbeiten.

Ist der Aussie ein Hund ohne Jagdtrieb?

Nein, das ist er entgegen landläufigen Vorstellungen nicht. Auch ein Aussie kann auf Sicht einem Tier hinterherjagen. Er wird jedoch in der Regel keine Wildspuren nachhaltig verfolgen und aufstöbern.

Ein gutes Beispiel dafür sind unsere eigenen Hunde: Wir leben auf einem Grundstück am Wald mit Wildwechsel; die Hunde haben jedoch noch nie unser Grundstück verlassen, obwohl sie es könnten. Die Bindung an uns und unseren Besitz ist für die Hunde größer. Meines Erachtens ist dies die wichtigste Basis für das Nichtjagen: eine gute Bindung und Erziehung. Man sollte von Anfang an jegliches Jagen, auch von Vögeln, unterbinden. Viele Hundeführer lassen es bei Vögeln zu, da es ungefährlich ist, weil der Vogel einfach entschwinden kann. Das Jagdverhalten ist für den Hund aber das gleiche. Auch beim Spazierengehen im Wald kann man lernen, Anzeichen zu erkennen, dass Wild in der Nähe sein könnte. In der Regel wird der Hund nervöser, hat seine Nase auf der Erde oder schnüffelt in die Luft. Je nachdem, wie gut der Hund erzogen ist, sollten Sie ihn dann anleinen oder zu sich rufen.

Glücklich leben
mit Australian Shepherds

Die Anschaffung eines Hundes ist immer eine sehr wichtige und einschneidende Entscheidung für Ihr persönliches Leben. Der Hund bestimmt den Tagesablauf und nimmt in hohem Maße Einfluss auf Ihre Lebensqualität und die Ihrer Familie. Deshalb sollten Sie möglichst überlegt und informiert bei der Anschaffung eines Hundes vorgehen.

Mit einem Aussie bekommt das Leben richtig Action!

Grundsätzliches zur Anschaffung eines Aussies

Bitte fragen Sie sich unbedingt vor der Anschaffung eines Australian Shepherds, ob dies der richtige Hund für Sie ist und ob Sie die Rahmenbedingungen erfüllen können. Dieser Hund braucht Aufgaben, um ein zufriedenes und glückliches Leben führen zu können. Diese Fragen sollten Sie sich ehrlich beantworten, denn die Entscheidung, die Sie treffen, ist schwerwiegend. Zum einen ist der Australian Shepherd in der Regel ein sehr langlebiger Hund, das heißt, Ihre Entscheidung sollte 13 bis 15 Jahre Bestand haben. Zum anderen wollen Sie diese Jahre glücklich mit dem Hund verbringen und eine falsch gewählte Rasse, der Sie nicht gerecht werden können, kann den Alltag unter Umständen sehr schwierig werden lassen. Möglicherweise sucht sich der Hund bei Unterbeschäftigung aus lauter Verzweiflung andere Aufgaben oder zeigt Verhaltensauffälligkeiten. Ein häufiges Problem ist die Agilität dieser Hunde, mit der nicht alle Neubesitzer zurechtkommen. Manche Hunde zeigen sich in bestimmten Situationen sehr autoritär und aufbrausend, eine Verhaltensweise, mit der nur erfahrene Hundehalter umgehen können.

Wer ist denn nun der richtige Besitzer für einen Aussie? Der Australian Shepherd möchte in und mit der Familie leben – er ist definitiv kein Zwingerhund – und er braucht Aufgaben. Seine Intelligenz sollte gefördert werden. Kurzum, Sie sollten also ein aktiver, kreativer Mensch sein, der sich gern mit seinem Hund umgibt und ihn gern als seinen ständigen Begleiter bei sich hat. Sie sollten Interesse haben, das Potenzial Ihres Hundes über das gemeinsame Lernen zu entdecken. Keinesfalls sollte sein attraktives Äußeres das alleinige Entscheidungskriterium sein.

Die Frage stellt sich nun, wie ich einen Hund, der für eine Arbeit gezüchtet wurde, die es heute fast nicht mehr gibt, sinnvoll beschäftigen kann.

Ein Australian Shepherd braucht Aktivitäten, um glücklich leben zu können.

Es gibt auch hier in Deutschland Möglichkeiten, mit dem Hund aktiv zu hüten, auch wenn man keine eigenen Schafe hat. Im Allgemeinen kann die Mehrzahl der Aussie-Besitzer ihren Hunden diese Aufgabe jedoch nicht bieten. Es gibt aber sehr viele Hundesportarten, wie beispielsweise Agility oder Obedience, die Hund und Mensch sehr viel Freude machen und mit denen man den Aussie sinnvoll auslasten kann. Es gibt auch sehr viele andere Möglichkeiten, die nichts mit dem Hundesport zu tun haben. Einen Überblick über die Aktivitäten mit dem Aussie finden Sie an anderer Stelle in diesem Buch. Doch zurück zum Grundsätzlichen: Viele Interessenten stellen die Frage, wie viel Auslauf dieser Hund benötige. Natürlich braucht der Hund Auslauf, beim Australian Shepherd ist es aber so, dass Qualität wichtiger ist als Quantität. Man kann einen Aussie also lieber eine Stunde mit Aufgaben und gemeinsamem Lernen beschäftigen als mit einem zweistündigen Spaziergang.

Wenn man dem Australian Shepherd das bieten kann, was ihn zu einem glücklichen Hund macht, hat man einen tollen Begleiter, den man in seinem Leben nicht mehr missen möchte. Er bereichert den Alltag, in der aktiven Familie genauso wie als Sportkamerad.

Auf der Suche nach einem geeigneten Züchter und warum sich Warten lohnt

Und wie findet man den richtigen Aussie für sich persönlich? Mit diesem Buch haben Sie schon den ersten richtigen Schritt zur Anschaffung eines Hundes gemacht: Sie haben sich informiert. Was

Das attraktive Äußere darf niemals das alleinige Entscheidungskriterium für die Anschaffung eines Aussies sein.

Glücklich leben mit Australian Shepherds

immer am Ende der Lektüre dieses Buches für eine Entscheidung steht, sie wurde nicht gedankenlos und uninformiert getroffen.

Informieren Sie sich nun bei verschiedenen Züchtern. Der Preis sollte dabei niemals ein Kriterium sein. Die Anschaffungskosten stellen den geringsten finanziellen Aufwand im Leben eines Hundes dar. Schauen Sie sich beim Züchter Ihrer Wahl die Elterntiere an. Entsprechen sie vom Aussehen und Temperament her Ihren Vorstellungen und Erwartungen? Auch der Züchter selbst sollte Ihnen sympathisch sein, denn er sollte auch später Ihr Ansprechpartner bleiben und Ihre Fragen beantworten. Er sollte Ihnen sogar kritische Fragen stellen, denn ein guter Züchter wird sich darum bemühen, seine Welpen an passende Plätze zu vermitteln. Sie selbst sollten eine feste Vorstellung mitbringen, wie der Hund mit Ihnen leben wird und wie Sie dem Aussie gerecht werden möchten; auch Ihre Familie sollte definitiv hinter dieser Anschaffung stehen. Sie sollten also den Züchter über alles aufklären, was für die Wahl des richtigen Welpen relevant sein könnte, und folgende Fragen schon im Vorfeld für sich klären:

- Sind Sie ein erfahrener Hundehalter oder Ersthundebesitzer?
- Soll der Welpe in ein bereits bestehendes Hunderudel integriert werden oder soll er Einzelhund sein?
- Wollen Sie aktiv Hundesport betreiben und suchen deshalb einen sehr triebstarken, aktiven Hund?
- Wollen Sie Ihre Freizeit aktiv gestalten und suchen deshalb den etwas gemäßigteren Aussie?

Wünsche bezüglich der Farbe sollten zunächst einmal hinten anstehen. Fast jeder Züchter ist bemüht, die Wünsche auch zu erfüllen; die Natur ist aber glücklicherweise immer noch ein unkalkulierbarer Faktor im Zuchtgeschehen. Ich habe schon oft erlebt, dass aus der Wunschhündin ein Rüde wurde, aus der Wunschfarbe Bluemerle die Farbe Black-Tri. Ich persönlich sehe es immer als ein gegenseitiges Aufeinandereinlassen von Züchter und Interessent.

Beurteilungskriterien für gute Züchter:

Haltung

Die Hunde leben mit dem Züchter in einem Haushalt und nicht in einer Zwingeranlage. Die Anzahl der gehaltenen Hunde sollte begrenzt sein, damit auch der Züchter seinen Tieren in jeder Hinsicht gerecht werden kann. Die gehaltenen Hunde sollen eine gute Beziehung und Vertrauen zu ihrem Züchter haben. Die alten Hunde verbringen ihren Lebensabend beim Züchter und werden nicht abgeschoben, nur weil sie für den Züchter unbrauchbar geworden sind.

Würfe

Eine Hündin hat nicht mehr als einen Wurf pro Jahr; sie sollte nicht vor dem Alter von zwei Jahren gedeckt werden; auch Würfe im Alter von mehr als acht Jahren sollten der Hündin nicht mehr zugemutet werden. Ein guter Züchter nutzt seine Hündinnen nicht aus.

In der Zuchtstätte werden nicht mehr als vier Würfe pro Jahr geboren und es sollten möglichst keine Würfe parallel liegen. Der Grund dafür liegt

Ein gesunder Aussie in seinem Element.

allein darin, dass für eine ordentliche Welpenaufzucht die volle Aufmerksamkeit des Züchters verlangt wird. Bei einem parallelen Wurf muss diese Zeit auf mehr Welpen aufgeteilt werden, und gerade der häufige und intensive menschliche Kontakt ist eines der wichtigsten Kriterien bei der Vorbereitung auf das Leben und zentrales Thema bei der Prägung auf den Menschen.

Gesundheit

Die Elterntiere müssen die gesundheitlichen Vorsorgeuntersuchungen nachweisen. (Untersuchung auf Hüftgelenksdysplasie und eine jährlich aktualisierte Augenuntersuchung eines Ophthalmologen des Dortmunder Kreises [DOK], darüber hinaus sind auch noch Untersuchungen auf Ellenbogendysplasie und MDR [Multi Drug Resistance] wünschenswert.) Der Rüde ist zumeist nicht in der Zuchtstätte anzutreffen, aber der Züchter sollte auch die Gesundheitsuntersuchungen des Rüden vorweisen können.

Aufzucht und Sozialisation

Die Welpen sollten im Haushalt, aber auch in einem Freiauslauf aufgezogen werden. Gerade das Kennenlernen von vielfältigen und unterschiedlichen visuellen und akustischen Reizen ist in dieser Phase von höchster Bedeutung. Ein Welpenauslauf sollte die Neugier und den Wissensdurst der Welpen anregen und vielerlei Bewegungsanreize bieten. Wesentlich ist auch der vielseitige menschliche Kontakt von unterschiedlichen Personen unterschiedlichen Alters. Deshalb sind bei uns zukünftige Welpenbesitzer mit der Familie gern beim Besuch der Welpen gesehen. Neuere Forschungen belegen, dass gerade in der sensiblen Phase der dritten bis fünften Lebenswoche der Grundstein für einen selbstsicheren Hund gelegt wird. Alles, was in dieser Zeit beim Züchter verpasst wurde, fehlt im Fundament dieses Hundes und muss von Ihnen mühsam aufgebaut werden. In meiner praktischen Arbeit mit Junghunden habe ich schon viele solcher Defizite erlebt. Da gibt es Welpen, die im Stall aufwuchsen und später teilweise panisch auf Umweltreize reagierten. Das ist traurig, denn diese Hunde

Die Prägung beim Züchter hat einen wichtigen Einfluss auf die weitere Entwicklung der Welpen zu einem sozial verträglichen Hund. (Foto: Brodmann)

haben definitiv Stress in vielen Alltagssituationen, und durch eine ordentliche und fundierte Aufzucht wäre das ihnen erspart geblieben. Die Welpen sollten insgesamt einen aufgeweckten, neugierigen und aufgeschlossenen Eindruck auf Sie machen.

Nach all diesen Punkten sollte Ihnen jetzt auch bewusst sein, warum Warten sich manchmal lohnt. Haben Sie den richtigen Züchter gefunden, der alle diese Punkte erfüllt, dann heißt es manchmal einfach auf den nächsten Wurf warten. Gute Züchter haben vielfach Wartelisten. Spontankäufe sollten Sie vermeiden. Es gibt gerade bei den Aussies sehr viele Einmalzüchter, die sich unter Umständen weniger sorgfältig mit der gesamten Materie von Zucht und Aufzucht auseinandersetzen. Gerade wenn man sich die Rolle der sensiblen Phase vor Augen führt, die allein beim Züchter stattfindet, ist eigentlich augenfällig, warum man hier größte Sorgfalt bei der Auswahl des Züchters walten lassen sollte. Und nicht zuletzt hat die Auswahl eines soliden Züchters, der nicht auf Gewinnmaximierung abzielt, auch tierschützerische Aspekte, denn dort werden die Zuchttiere eben

Auswahl des Hundes

Sie haben nun den richtigen Züchter gefunden, auf den Sie sich verlassen können. Nach der Geburt der Welpen wird kein verantwortungsvoller Züchter Sie vor dem Alter von drei Wochen zu den Welpen lassen. Danach können beziehungsweise sollten Sie die Welpen so oft wie möglich besuchen. Das Schwierige ist nun, dass man anfänglich nur äußerliche Merkmale wie Geschlecht oder Zeichnung beurteilen kann, und auch hier wieder: Zeichnung darf kein Auswahlkriterium sein. Auch hier wird ein guter Züchter dagegenwirken und die Welpen werden erst im Alter von sechs Wochen auf die Interessenten verteilt, nämlich dann, wenn man das Temperament der Welpen besser beurteilen kann. Dann kann man entscheiden, welcher Welpe aktiv ist und zu einem Hundesportler kann, welcher Welpe eher ruhiger ist, welcher Welpe gern mit anderen Welpen spielt, welcher eher ein Einzelgänger ist und sich für eine eventuelle Rudelhaltung beispielsweise nicht eignen würde. Sie werden jetzt vielleicht einwenden, dass Sie den Welpen aussuchen wollen und nicht vom Züchter zugeteilt bekommen möchten. Meine praktische Erfahrung ist, dass man die Auswahl gemeinsam macht. Ich versuche immer, persönliche Neigungen der Interessenten und das Temperament der Welpen in Einklang zu bringen. Schließlich versucht man für alle Seiten die glücklichste Lösung zu finden. Sie dürfen dabei auch nie vergessen, dass Sie nur einen Ausschnitt des Welpen beim Besuch erleben. Ich hatte einmal Welpeninteressenten aus der

Bei der Entscheidung für einen Welpen sollte man sich vom Züchter beraten lassen. (Foto: Brodmann)

nicht ausgenutzt. Der Welpenkauf ist mit vielen Emotionen verbunden; sieht man einmal die drolligen Welpen, ist es meist um einen geschehen. Versuchen Sie jedoch, so viel Sachlichkeit wie möglich in die Anschaffung des Welpen zu bringen, es lohnt sich auf alle Fälle.

Schweiz, die einen Hund für Agility suchten, also sollte dieser Hund sehr lebhaft sein. Ich hatte im Wurf eine sehr lebhafte Hündin, die ich als sehr geeignet ansah. Bei jedem Besuch der zukünftigen Welpeninteressenten schlief die Hündin, weil sie zuvor sehr aktiv gewesen war. Sie fragten mich dann eines Tages, ob ich denn auch sicher sei, dass es sich hierbei um eine aktive Hündin handeln würde. Ja, ich war mir sicher, und nach einigen Monaten bei den neuen Besitzern waren sich diese dann auch sicher, dass sie einen sehr aktiven Hund hatten.

Wie ich bereits erwähnt habe: Es ist ein Einlassen aufeinander, und deshalb sollten sich Züchter und Interessent sorgfältig ausgewählt haben. Schließen möchte ich diesen Abschnitt damit: Sie leben nicht mit der Farbe oder Zeichnung, Sie leben nicht mit blauen Augen, Sie leben mit dem Temperament des Hundes, und dieses sollte zu Ihnen und zu Ihrem persönlichen Lebensstil passen.

Zuchtverbände für Australian Shepherds

Die Australian Shepherd werden hauptsächlich unter zwei verschiedenen Verbänden gezogen, dem Australian Shepherd Club of America (ASCA) und dem Club für Australian Shepherd Deutschland e.V. (CASD) unter dem Dach des Verbands für das Deutsche Hundewesen e.V. (VDH). Der VDH ist Mitglied der Fédération Cynologique Internationale (FCI), dem Verband, der auch das Hundewesen in Europa dominiert. Hunde mit ASCA-Papieren sind nicht FCI-anerkannt. Hinter den beiden Zuchtverbänden stecken auch zwei völlig unterschiedliche Zuchtphilosophien. Während beim ASCA alles frei ist, das heißt, es gibt keinerlei Zuchtordnungen und Züchter werden auch nicht vom Verband kontrolliert, werden unter dem CASD die Zucht und die Züchter durch den Verband reglementiert. In der Praxis bedeutet dies, dass die Zuchtstätte durch Zuchtwarte des Verbandes abgenommen werden muss. Hier wird kontrolliert, ob die Zuchtstätte den Mindesthaltungsbedingungen des Vereins entspricht. Der Züchter ist verpflichtet, Züchterschulungen zu besuchen; vor dem ersten Wurf muss ein Neuzüchterseminar absolviert werden. Neben den Mindesthaltungsbedingungen ist auch die Zuchtordnung ein wesentliches Regularium des Zuchtgeschehens. Alle Zuchthunde müssen eine offizielle Zuchtzulassung haben; dabei wird das Exterieur der Hunde beurteilt, das Mindestanforderungen genügen muss, und die vorgeschriebenen gesundheitlichen Auswertungen des Hundes müssen durchgeführt werden. Die Welpen werden zweimal von einem Zuchtwart des Vereins überprüft: zunächst einmal gleich nach ihrer Geburt und dann zur Abgabe der Welpen an ihre neuen Besitzer. Der Zuchtwart überprüft und kontrolliert die ordentliche Aufzucht der Welpen hinsichtlich Prägung, Sozialisierung und Hygiene. Zur Abnahme erstellt er ein sogenanntes Welpenabnahmeprotokoll, in dem alle Besonderheiten des Welpen wie beispielsweise Nabelbrüche, Fehlfarben oder fehlende Hoden dokumentiert wer-

Vertrauen zum Züchter ist eine wichtige Basis zur Anschaffung eines Welpen – beim Züchter vor Ort kann man Umfeld und Hunde kennenlernen.

werden. Der Zuchtwart stellt auch hier bereits zuchtausschließende Fehler wie beispielsweise zu viel Weiß oder Knickrute fest. Das Welpenabnahmeprotokoll wird dann vom Züchter, dem Zuchtwart und dem neuen Besitzer unterschrieben. Die Welpen müssen gechipt, entwurmt und geimpft abgegeben werden. Ebenfalls notwendig ist die Welpenaugenuntersuchung durch einen Ophthalmologen des Dortmunder Kreises (DOK). Hier können eventuelle erbliche Augenkrankheiten erkannt werden, die in einem späteren Untersuchungsalter nicht mehr erkannt werden können (beispielsweise Collie-Eye-Anomalie) oder die bereits einen Zuchtausschluss darstellen (beispielsweise Iriskolobom). Viele Augenerkrankungen stören das Allgemeinbefinden des Hundes nicht wesentlich und der Hund kann trotz dieser Erkrankung ein schönes Leben führen, aber in die Zucht sollte ein solcher Hund eben nicht.

Kurzum, bei einem Züchter des ASCA müssen Sie die notwendigen Unterlagen selbst kontrollieren und ein Züchter wird Ihnen diese Papiere auch anstandslos und vollständig übergeben können, während beim CASD die Zucht und die Züchter durch den Verband kontrolliert werden. Züchteradressen erhalten Sie bei den jeweiligen Verbänden. Sie können auch auf Aufstellungen erste Kontakte zu Züchtern knüpfen, aber ein guter Züchter wird Ihnen definitiv keine Welpen anbieten, sondern Sie zu sich nach Hause einladen, damit Sie sich gegenseitig kennenlernen können.

Ein Australian Shepherd zieht ein

Sie haben sich für den Australian Shepherd als Rasse entschieden, haben den richtigen Züchter gefunden und Ihr Welpe wird nun bald in Ihr Zuhause einziehen.

Vorbereitung

Sie sollten sich nun einige Dinge anschaffen, die da sein müssen, bevor der Welpe bei Ihnen einzieht. Für den Anfang empfehle ich generell ein Geschirr statt einem Halsband. Der Welpe ist neugierig und will neue Dinge entdecken, jeder Spaziergang ist ein Abenteuer. Dies bedeutet, dass der Welpe oft nach vorn preschen wird, um Dinge zu untersuchen und kennenzulernen. Dabei ist es einfach gesundheitlich besser für den Welpen, wenn er am Geschirr geführt wird, statt schon den ersten Druck auf der Halswirbelsäule zu spüren. Später, wenn man dann mit dem Welpen auf Leinenführigkeit trainiert, kann man auf ein Halsband umstellen.

Sie benötigen darüber hinaus zwei Näpfe, einen für Futter, den anderen für Wasser. Ich empfehle das Füttern am Ständer (dabei hängen die Futterschüsseln so erhöht, dass der Hund leicht daraus fressen kann, ohne sich zu bücken), bis er ausgewachsen ist. Der Futterständer kann der jeweiligen Größe des Hundes angepasst werden. Futter sollten Sie für die erste Zeit vom Züchter mitbekommen; entweder füttern Sie das Futter des Züchters weiter oder stellen den Welpen langsam auf das von Ihnen gewünschte Futter um. Sie sollten auch schon erstes Spielzeug und ein Hundebett beschafft haben. Nicht empfehlenswert sind Weidenkörbe, sie werden in der Regel zerlegt. Besser ist ein weiches waschbares Bett. Empfehlenswert ist eventuell auch die Anschaffung einer Hundebox. Sie wird oft als erstes Nachtlager neben dem Bett verwendet. Manche Hundebesitzer mögen diese Erziehungsmethode nicht, schlussendlich ist das auch immer Geschmackssache. Aber die Hundebesitzer, die eine Hundebox einsetzen, haben damit sehr gute Erfahrungen gemacht, und sie kann sich zu einem sicheren Platz für den Hund entwickeln, sodass der Hund auch eigenständig diesen Platz der Ruhe einnimmt. Ich habe immer eine Hundebox mit im Welpenauslauf, damit sich die Welpen

Dieser Australian-Shepherd-Hündin sieht man ihre Neugierde schon an: Die Entdeckungsreise kann beginnen.

auch spielerisch an die Box gewöhnen, gerade für den Fall, dass ich Welpeninteressenten habe, die für ihren Hund die Box nutzen möchten. Ich finde es sinnvoll, den Hund an eine Box zu gewöhnen, gerade wenn man beispielsweise plant, auf Ausstellungen oder auf Turniere zu gehen. Dort benötigt man die Box und die Hunde suchen diese – sofern sie daran gewöhnt sind – auch gern auf, weil sie dort ihre Ruhe haben.

Dann sollten Sie Ihr Zuhause welpensicher ausstatten. Offene Treppenabgänge oder -aufgänge sollten mittels Türen abgesichert werden. Alles, was für den Welpen interessant sein könnte, wie zum Beispiel Schuhe oder auch Pflanzen, sollte weggestellt werden. Auch bei Stromkabeln ist höchste Vorsicht geboten! Teppichläufer sind bei Welpen ebenfalls ziemlich beliebt, besonders die mit Fransen. Wenn Sie also Ihre Teppiche lieb haben, so bringen Sie diese zunächst einmal in Sicherheit, bis sich der Welpe eingewöhnt hat und Sie eventuell wissen, welche Vorlieben er hat. Denken Sie auch an den Garten, wertvolle Pflanzen sollten geschützt werden. Hier muss ich auch eine Anekdote aus meiner züchterischen Laufbahn einfügen. Ich hatte immer sehr anständige Welpen großgezogen, die mir nichts zerstört haben; sie haben weder Möbel angefressen noch Vorhänge heruntergezogen, noch Schuhe zerstört. Freunde bekamen einen Welpen von mir und eines Tages listeten sie mir die Gegenstände auf, die dem Welpen bereits zum Opfer gefallen waren: Handy, Sonnenbrille, Digitalkamera, Tapeten – es war schon ein schlimmer Fall. Ich habe gelacht und ihnen gesagt, dass ich nie so ein Problem hatte. Später haben meine Freunde über mich gelacht, als unsere Megan bei uns eingezogen war. Sie hat den Welpen meiner Freunde in jeder Beziehung getoppt. Also auch hier kann das Potenzial der einzelnen Welpen ganz unterschiedlich sein. Stellen Sie sich auf das Schlimmste ein, dann sind Sie vielleicht positiv überrascht, wenn es nicht so kommt. Übrigens haben wir es dann auch bei Megan geschafft, dass sie ein anständiger Hund wurde; aber der Aufwand war eben etwas größer und man musste mehr auf der Hut sein. Wie sagte einmal ein Freund von mir: „Ich glaube, unser Hund meint, er heißt ‚Nein!‘." Natürlich sind zerstörte Dinge ärgerlich, aber schieben Sie es sich selbst zu – Sie haben eben nicht aufgepasst.

Die ersten Tage im neuen Zuhause

Sie sind jetzt richtig ausgestattet, haben die Wohnung und den Garten welpensicher gemacht – jetzt steht der Tag der Abholung des Welpen an.

Abholung des Welpen

Sie sollten niemals allein zur Abholung fahren, sondern immer mit einer Begleitperson, damit sich diese während der Fahrt um den Welpen kümmern kann. Sie haben Ihr Geschirr mit der Leine dabei, etwas zum Knabbern, Wasser und Papiertücher, falls der Welpe während der Fahrt spucken muss. Die Trennung ist ein schwieriger Prozess – der Züchter leidet, die neuen Besitzer leiden, deshalb sollte man es möglichst zügig hinter sich bringen.

Glücklich leben mit Australian Shepherds

Ein gut aufgezogener Welpe mit einem stabilen Wesen, der gut auf Menschen sozialisiert ist, wird kein Problem mit der Umstellung haben. Trotzdem gebe ich immer aus Vorsichtsgründen vor der Abholung Ignatia – ein homöopathisches Mittel, das die Trennung erleichtern soll. Ich nehme es im Übrigen sogar selbst, denn auch für mich ist die Trennung von den Welpen nicht leicht. Man hofft der Verantwortung für den Welpen gerecht geworden zu sein und das passende Zuhause gefunden zu haben, wo der Hund glücklich und zufrieden alt werden kann.

Auf der Fahrt empfehle ich, falls der Welpe unruhig werden sollte, Kaustangen; damit ist er eigentlich recht gut beschäftigt und schläft in der Regel dann auch ein.

Ankommen

Zu Hause angekommen, darf er erstmal alles inspizieren. Zeigen Sie ihm seinen Löseplatz, seinen Schlafplatz und seine neuen Spielsachen. Absolutes Tabu ist, dass man sämtliche Nachbarn und Verwandten gleich zu Besuch einlädt, um den Neuankömmling willkommen zu heißen. Der kleine Welpe soll in Ruhe seine neue Familie kennenlernen und seine neue Umgebung entdecken. Dabei sollten sich auch Kinder in ihrer Begeisterung etwas zurückhalten, denn der Welpe braucht Ruhe, um alle neuen Eindrücke zu verarbeiten. Keinesfalls sollten Sie den Welpen in der Nacht wegsperren und allein lassen. Er hat gerade seine Mutter, seine Geschwister und seine bisherigen Bezugspersonen verloren und steht vor einem Neubeginn im jetzigen Zuhause; gestalten Sie ihm

Es ist wichtig, dass der junge Australian Shepherd lernt, in vielen Umweltsituationen zurechtzukommen. Verläuft die Prägung gut, wird er damit keine Probleme haben.

diesen Neubeginn so liebevoll wie möglich und lassen ihn nicht allein. Stellen Sie also sein Hundebett oder seine Hundebox neben Ihr Bett, sodass der Welpe merkt, dass Sie für ihn da sind.

Stubenreinheit

Als Nächstes steht die Erziehung zur Stubenreinheit an. Der Züchter hat meist dafür auch schon einiges getan. Es gibt ein paar einfache Regeln, wann der Welpe sich lösen muss: nach dem Aufwachen, nach dem Fressen, und falls er sich kreisförmig bewegt und mit der Nase auf dem Boden schnüffelt, dann ist aber auch schon Eile geboten. Sprich, durch gutes Beobachten merken Sie sehr genau, wann Ihr Welpe muss. Vorteilhaft finde ich es immer, wenn Sie das Lösen des Hundes mit einem Befehl verbinden und den Welpen sofort mit Leckerli und Stimme belohnen, wenn er sich gelöst hat. In dem Moment, wenn sich der Welpe löst, sagen Sie Ihr ausgewähltes Wort und der Welpe wird das Wort und das Lösen miteinander verknüpfen. Welches Wort Sie verwenden, ist ganz egal und Ihrer Kreativität sind keine Grenzen gesetzt, Sie müssen nur immer das gleiche Wort verwenden. Das Verbinden des Lösens mit einem Befehl hat den Vorteil, dass man dies später auch sehr gut einsetzen kann; beispielsweise man ist auf Reisen und möchte, dass sich der Hund schnell löst, oder man möchte auf den Hundeplatz und der Hund sollte sich vor dem Training nochmals lösen. Bei allen meinen Hunden funktioniert das Lösen auf Kommando und ich habe das immer als sehr praktisch empfunden. Sollte es nun doch einmal passieren, dass Ihr Welpe in die Wohnung macht, einfach ignorieren und sauber machen, es ist definitiv Ihre Schuld, denn Sie haben nicht aufgepasst.

Tagesrhythmus

Wichtig ist auch, dass man schon jetzt einen festen Tagesablauf hat. Der Welpe wird diesen Rhythmus innerhalb kürzester Zeit verinnerlicht haben und wird sich danach ausrichten. Viele Welpeninteressenten möchten ihre Welpen in den Ferien abholen, wenn die Kinder zu Hause sind. Mir wäre es lieber, wenn dies nicht der Fall wäre. Der Welpe kommt so nämlich gleich in den normalen Tagesrhythmus. Sollten Sie doch Urlaub haben, dann versuchen Sie, den Tag so einzuteilen, wie er ohne Ferien verlaufen würde. Am Morgen, wenn die Kinder normalerweise in der Schule wären, ruhig mit vielen Schlafzeiten, nachmittags darf dann ruhig etwas mehr los sein. Ein gleichmäßiger Rhythmus ist sehr wichtig für einen Hund; er kann den Tag einschätzen, kennt sein

Ruhezeiten sind wichtig, damit der Hund auch seelisch ausgeglichen ist. Das bedeutet nicht, dass er unbedingt schlafen muss, sondern einfach tun kann, was ihm behagt.

Programm, und das gibt ihm Sicherheit und seine garantierten Ruhezeiten.

Gefüttert wird der Welpe nach Anweisung des Züchters; bis zur zwölften Lebenswoche ist dies in der Regel viermal am Tag, bis zu einem halben Jahr dann dreimal, danach nur noch zweimal. Sollten Sie anderes Futter als der Züchter oder ein völlig unterschiedliches Futterkonzept haben, wie zum Beispiel die Rohfütterung, dann sollten Sie den Welpen nach und nach umstellen und gut beobachten, wie er die neue Nahrung verträgt.

Eine gute Basis schaffen

Der Welpe ist nun im Haus und Sie sollten jetzt die Zeit bis zur 16. Woche gründlich nutzen, um dem kleinen Hund so viel wie möglich zu zeigen. Allerdings sollten Sie sich mit dem Welpen etwa zehn Tage in seinem näheren Umfeld bewegen, bis sich die Bindung zu seinen Menschen etwas gefestigt hat und er sich in seiner Umgebung sicher fühlt. Danach besuchen Sie Ihren Tierarzt, hier kann dann das weitere Programm zur Grundimmunisierung und Entwurmung besprochen werden und der Hund hat die Möglichkeit, ganz ungezwungen schon einmal die Tierarztpraxis mit all ihren Gerüchen kennenzulernen. Sie besuchen mit Ihrem Welpen Kaufhäuser, Zoos, fahren mit der Straßenbahn, gehen auf Bahnhöfe, Bauernhöfe, fahren Lifte und Rolltreppen, alles, was Ihnen einfällt, Ihrer Fantasie sind keine Grenzen gesetzt. Wichtig ist dabei, dass Sie den Hund früh an die Umwelt gewöhnen, in der er aufwachsen wird,

Machen Sie Ausflüge in die Natur – es ist einfach schön, mit seinem jungen Hund vieles zu entdecken und ihn dadurch intensiv kennenzulernen.

sprich, planen Sie, mit Ihrem Hund später auf Bergwanderungen zu gehen, sollten Sie ihn so früh wie möglich an Sessellifte oder Gondeln gewöhnen. Lassen Sie ihn so viel wie möglich Kontakt zu Menschen haben, auch Menschenmengen und deren Geräusche kann er in Fußgängerzonen sehr gut kennenlernen. Es ist wichtig, dass Ihr Welpe so viele verschiedene Situationen und

Umweltreize wie möglich erlebt. Er wird solchen neuen Dingen eventuell auch mit Angst begegnen, aber er wird lernen, gemeinsam mit Ihnen dies alles zu bewältigen. Dies erhöht schlussendlich das Selbstbewusstsein und auch die Bindung. Gehen Sie also Situationen, die Ihrem Hund Angst machen, nicht aus dem Weg; helfen Sie ihm, das Furchterregende zu überwinden, und bauen auch Sie Vertrauen zu ihm auf. Ein so in sich gefestigter Hund wird auch schwierige Lebensphasen besser verarbeiten können als ein latent ängstlicher Hund. In den ersten Wochen sollte also die Priorität darin liegen, Ihrem Aussie die Umwelt zu zeigen und diese gemeinsam zu entdecken.

Die körperliche Entwicklung

Der Australian Shepherd ist ein mittelgroßer Hund und muss doch eine recht anspruchsvolle Größenentwicklung hinter sich bringen. Tragen Sie daher Ihren Welpen so lange es geht die Treppen hinauf und hinunter. Auch größere Spaziergänge und langes Spielen sind absolutes Tabu. Besonders bei Aussies ist es recht schwierig einzuschätzen, was gut für sie ist, weil sie sehr viel Energie haben und selbstverständlich auch größere Spaziergänge ohne Probleme bewältigen würden. Sie sind wilde Spieler und können sehr ausgiebig das Spiel mit anderen Hunden genießen. Hier müssen Sie für Ihren Aussie denken. Bis zu einem Jahr sollten Sie keine gemeinsamen Waldläufe und Fahrradtouren unternehmen, das gilt übrigens auch für Reitbegleithunde. Sie sollten also sorgsam mit den

Belastungen umgehen: keine geistige und keine körperliche Überforderung. Hüftgelenkdysplasie und Ellenbogendysplasie haben nicht nur eine erbliche Komponente, sondern sind auch maßgeblich durch die Aufzucht bestimmt. Dazu zählt auch das Übergewicht – halten Sie also Ihren Welpen oder heranwachsenden Aussie immer schlank.

Welpenspielgruppe und Hundeschule

Ganz wichtig ist die Suche nach einer vernünftigen Hundeschule oder eines Hundeplatzes. Insbesondere wenn es sich um einen Ersthund handelt, ist es sehr wichtig, dass Sie vor Ort gute Ausbilder haben. Der Australian Shepherd ist ein sehr kooperativer und leichtführiger Hund, der geradezu für positive Erziehungsmethoden prädestiniert ist. Suchen Sie sich also einen Platz, auf dem nach diesen Methoden unterrichtet wird. Schauen Sie sich verschiedene Trainingsgruppen an.

Bei der Welpenspielgruppe sollten Sie darauf achten, dass nicht nur wild getobt wird, sondern das Spiel auch geleitet wird. Wenn zum Beispiel das Spiel zu grob wird oder einzelne Hunde gemobbt werden, muss der Leiter der Welpenspielgruppe eingreifen. Vielfach habe ich es schon erlebt, dass die Unterhaltung mit anderen Welpenbesitzern als schöne Freizeitbeschäftigung angesehen wird, dem Welpen aber kaum ein Blick gewidmet wird. Sie sollten sich vor Augen führen, welchen Zweck die Welpengruppe erfüllt: Kontakt zu anderen Welpen, das Lernen von Sozialverhalten im Zusammensein mit unterschied-

Glücklich leben mit Australian Shepherds

Der Aussie lernt in der Hundeschule den Umgang mit anderen Hunden.

lichen Rassen, deren Ausdrucksmöglichkeiten und -formen sich doch erheblich unterscheiden können. Daneben werden schon kleinere Übungen gemacht; es werden Umweltreize wie verschiedenartige Hindernisse oder Geräusche eingesetzt; die Menschen werden mit in die Übungsstunde integriert; erste Bindungsübungen wie beispielsweise Suchspiele werden durchgeführt. Die Stunde sollte also abwechslungsreich sein und diese Elemente enthalten, dann haben Sie eine gute Welpenspielstunde gefunden.

Beobachten Sie in einem nächsten Schritt ruhig auch schon Trainingsstunden mit heranwachsenden Hunden. Wichtig ist, dass auch hier mit positiven Methoden und individuell gearbeitet wird. Jeder Hund hat ein anderes Lerntempo. Dies ist abhängig von der Rasse, der individuellen Lernfähigkeit und vom Können und Wissen des einzelnen Hundeführers. Ein guter Trainer geht auf diese Unterschiede ein. Spätentwicklern wird er die Zeit geben, die sie brauchen; schnell lernende Hunde wird er stärker fördern, denn denen könnte es leicht zu langweilig werden. Das Junghundetraining sollte insgesamt sehr abwechslungsreich gestaltet sein, zwischen Übungen mit Geschwindigkeit und Spaß aber auch Übungen zur Konzentration und Ruhe. Gehorsamsübungen, Gruppenübungen und Gerätetraining (keine Sprünge!) machen ein gutes Training aus. Die Übungen sollen die Bindung zwischen Hund und Hundeführer aufbauen. Ideal ist es, wenn es Mensch und Hund in gleichem Maße Spaß macht. Gerade Anfängern sollte auch viel theoretisches Wissen über den Hund, Lernformen, -methoden und Trainings-

Trotz Ablenkung in der Gruppe lernt der Aussie, sich auf seinen Hundeführer zu konzentrieren.

Ausbildern und Aussiekennern holen, wenn sie selbst mit dieser Hunderasse noch nicht so vertraut sind. Aussies sind sehr wilde und laute Spieler. Vielen Besitzern wird prophezeit, Aussies seien schwierige oder dominante Hunde, denen man schon früh die Grenzen aufzeigen müsse. Es gibt Hundeschulen, die im Rahmen ihrer Ausbildung immer wieder das Ignorieren empfehlen. Dies ist geradezu grausam für einen Hütehund. Es kann zwar sein, dass ein kurzes Ignorieren in der Ausbildung sinnvoll eingesetzt werden kann, jedoch bitte nie längerfristig und über Tage hinweg. Über die richtigen Trainingsmethoden für einen Aussie werde ich in einem späteren Kapitel noch eingehen.

Australian Shepherds richtig erziehen

Der Australian Shepherd ist ein sehr bindungsstarker Hund, eine Eigenschaft, die Sie sich zunutze machen sollten. Er hat den sogenannten „Will to please", also den Willen zu gefallen. Es gibt unterschiedliche Trainingskonzepte; ich befürworte für diese Hunderasse eine positiv geprägte Trainingsmethode, wie zum Beispiel das Clickertraining. Ganz einfach und simpel ausgedrückt: Der Klick des Clickers bedeutet „Richtig gemacht", und dafür gibt es eine Belohnung. Ich bilde alle meine Hunde mit dem Clicker aus und habe damit beste Erfahrungen gemacht. Generell möchte ich persönlich Hunde, die mitdenken, verbunden mit einer hohen Lernleistung, einem großen Vertrauen und starker Bindung zu mir als

möglichkeiten vermittelt werden. In einer gut funktionierenden Gruppe lernen alle gemeinsam und auch voneinander.

Die Suche nach dem richtigen Hundeplatz ist also eine der wichtigsten Aufgaben. Für mich als Züchter ist immer die größte Angst, nicht die richtigen Besitzer für die Welpen zu finden. Fast genauso wichtig ist es für mich, Menschen zu finden, die sich Unterstützung von erfahrenen

Hundeführer. Bindung und Vertrauen bekommt man nicht geschenkt, durch das richtige Training kann man es beim Aussie relativ leicht erreichen.

So werden Sie ein gutes Team

Ich gehe hier nicht näher darauf ein, wie man Hunden bestimmte Kommandos beibringt. Wichtig ist aber, dass der Aussie keinesfalls mithilfe von Zwang oder Strafe erzogen wird. Dafür ist er im Grunde seines Herzens zu sensibel. Wenn er unter Druck gesetzt wird, kann es sein, dass er seine für ihn typische Autorität zeigt und schwierig im Umgang wird. Sie sollten gewisse Grenzen setzen können, dazu reichen aber ein „Nein" und Konsequenz. Der Aussie ist ein Hund, der seine Umwelt ganz genau wahrnimmt. Das Problem dabei ist, dass man oft als Hundeführer zu wenig aufmerksam ist. Bemerkt man Situationen, in denen der Hund ungewünschte Reaktionen zeigt, rechtzeitig, kann man durch zeitnahes Einwirken vermeiden, dass er in eine emotionale Lage gerät, in der er nicht mehr adäquat reagieren kann. Gerade bei Australian Shepherds ist das vorausschauende Denken eine wichtige Voraussetzung für ein entspanntes Leben.

Trainingstipps für die Arbeit mit Aussies

Der Hund benötigt Motivation, um zu lernen. Das kann Futter, Spiel oder auch freundliche Zuwendung und Lob sein. Der Hund lernt über das Verknüpfen von Ursache und Wirkung. Sobald der Hund das gewünschte Verhalten zeigt, wird er bestätigt und erhält eine Belohnung. Wichtig ist dabei die zeitliche Nähe zwischen Ausführung und Bestätigung/Belohnung – sie sollte nicht mehr als eine Sekunde betragen, da der Hund sonst nicht verknüpfen kann und der Lerneffekt ausbleibt. Der Lernzuwachs wird nicht kontinuierlich sein, sondern durch viele Faktoren aus der

Diese Hündin zeigt Aufmerksamkeit und Vertrauen und bildet mit ihrem Frauchen ein harmonisches Team.

Dieser junge Rüde wartet auf die nächste Aufgabe – Aussies sind Denksportler.

das Training im richtigen Moment beendet werden, allerspätestens dann, wenn der Hund langsam geistig ermüdet und sich nicht mehr ausreichend auf das Training konzentrieren kann. Würden Sie dann weitertrainieren, würde die Fehlerhäufigkeit steigen, und diese würde zu Frust bei Ihnen und bei Ihrem Aussie führen. Erlebt dies der Hund häufiger, kann es zu Trainingsunlust führen und die Leistungsbereitschaft und Lernmotivation des Hundes einschränken. Gerade weil der Aussie sehr lerneifrig und willig ist, wird diese Grenze leider oft überschritten.

Bällchenjunkies

Aussies sind begeisterte Ballspieler, können aber überstimuliert werden, wenn man es übertreibt. Dies verursacht Stress beim Hund und sollte deshalb vermieden werden. Der Aussie muss lernen aufzuhören. Er sollte lernen, dass es Spielzeiten gibt, aber auch ein klares Ende.

Umwelt oder durch innere Zustände beeinflusst (Ablenkung, soziale Sicherheit, Gesundheit, hormonelle Schwankungen bei der Hündin, Testosteronanstieg beim Rüden, Stress). Führen Sie sich also immer vor Augen, welche Ursachen ein mangelnder Trainingserfolg eventuell haben kann – Rückschritte kann es immer geben. Was auch immer im Training passiert, schließen Sie es immer positiv ab!

Förderung, nicht Überforderung

Wir haben von der Motivation als wichtige Lerngrundlage gesprochen. Aus diesem Grund sollte

Einsatz unterschiedlicher Motivationsmittel

Motivationsmittel sollten im Training ganz unterschiedlich eingesetzt werden. Futter ist beispielsweise ein sehr gutes Mittel für Konzentrationsübungen, während Spielzeug den Trieb und die Schnelligkeit fördert. Beide Mittel sollten auch in einem Training immer sehr ausbalanciert zum Einsatz kommen. Ihre Stimme sollte dabei Ihren

Glücklich leben mit Australian Shepherds

Üben kann man überall – auch beim Spazierengehen!

Hund immer begleiten. Seien Sie nicht stumm, bestätigen Sie Ihren Hund, dass er es richtig macht, und Ihr Aussie wird begeistert mit Ihnen arbeiten. Training ist für mich persönlich ein Spiel mit dem Hund, bei dem ich ein Lernziel habe. Wenn es mal nicht klappt, macht das nichts, wir probieren es einfach noch einmal.

Vom Einfachen zum Komplexen
Beim Training gilt eine Regel: Übungen werden vom Einfachen zum Komplexen aufgebaut. Jede Übung hat Einzelbestandteile, die es auch einzeln zu üben gilt. Beispielsweise eine sehr bekannte Übung: das Heranrufen mit Vorsitzen. Führen Sie sich einmal vor Augen, aus welchen Einzelübungen diese Übung besteht: Sitzen neben dem Hundeführer (die sogenannte Grundstellung), Bleib, Hier und dem eigentlichen Vorsitzen. Das heißt, man beginnt immer mit dem Üben der Einzelteile und fügt diese dann entsprechend dem Trainingsfortschritt zusammen.

Von wenig Ablenkung zu viel Ablenkung
Beginnen Sie mit wenig Ablenkung, das heißt, trainieren Sie in einer Umgebung (zum Beispiel bei Ihnen zu Hause), wo sich der Aussie einfach auf Sie konzentrieren kann. Funktioniert es dort ganz gut, trainieren Sie diese Übungen unter mehr Ablenkung. Das wird vermutlich gut klappen, wenn der Aussie gelernt hat, sich auf Sie zu konzentrieren. Tut er dies nicht, gehen Sie wieder zur Lernphase in sicherer Umgebung zurück. Viele

Langeweile sollte beim Training mit dem Aussie nie aufkommen – man sollte eine gute Balance zwischen Aktivität und Ruhe finden.

das Training sehr abwechslungsreich zu gestalten. Beim Basistraining geht es um Grundbefehle, Spaß und die Erkenntnis für den Hund, dass Lernen mit Erfolg verknüpft ist. Sehen Sie es als Spiel oder als Entdeckungsreise, was Ihr Hund alles leisten kann. Man kann mit Fantasie und Kreativität ein Training bunt gestalten. Anregungen finde ich immer für meine Trainingsgruppen beim Hundesport selbst – wir beginnen schon mit dem Training von Agilitygeräten (keine Sprünge) oder Voranschicken zu einem Futternapf, Apport, Suchspielen – mein Ziel ist es immer, dass die Hunde in ihrer Konzentrations- und Lernfähigkeit nicht überfordert werden. Dafür muss das Training unterschiedliche Anforderungen an den Hund stellen.

Spaziergang ist Training

Aussiebesitzer machen sich nicht klar, wie schwierig für Aussies ein Training unter Ablenkung ist, da diese Hunde ihre Umgebung ja besonders gut wahrnehmen. Positiv ist beim Aussie in jedem Fall, dass er eine hohe Bindungsbereitschaft zu seinem Besitzer hat. Wenn Sie es geschafft haben, über die Arbeit und das Training interessant für Ihren Aussie zu sein, haben Sie gute Voraussetzungen dafür, dass auch das Training unter Ablenkung erfolgreich ist.

Lassen Sie keine Langeweile aufkommen
Der Australian Shepherd ist ein vielseitig begabter Hund. Nutzen Sie diese Vielseitigkeit dazu,

Die Spaziergänge mit Ihrem Aussie sollten Sie als Training ansehen beziehungsweise es ist Training. Bis Sie sich hoffentlich hundertprozentig auf Ihren Aussie verlassen können, gehen sicher etliche Monate ins Land. Sie werden auf dem Spaziergang Herausforderungen finden, denen Sie auf dem Hundeplatz nicht begegnen. Beispielsweise verbellt Ihr Aussie plötzlich einzeln herankommende Menschen, sein Wachinstinkt meldet sich. Das ist nicht schlimm, muss jedoch in die richtigen Bahnen gelenkt werden. In der Regel kann man das sehr gut kanalisieren, indem man die Begegnung mit Fremden zu etwas Positivem umkonditioniert. Immer wenn man jemanden sieht,

Glücklich leben mit Australian Shepherds

Gemeinsam unterwegs – nutzen Sie Spaziergänge für das Training, aber auch zur Entspannung.

ruft man den Hund zu sich und er bekommt eine Belohnung. Das Lob sollte nicht sparsam sein, wenn sich der Aussie von der Ablenkung abwendet und sich Ihnen zuwendet. Wird das kontinuierlich so geübt, wird Ihr Aussie bald das Sichten einer fremden Person mit Belohnung verknüpft haben und gleich zu Ihnen kommen. Parallel sollten Sie jedoch mit der Person sprechen, damit der Aussie lernt, dass mit ihr keine Gefahr verbunden ist. Sie werden also immer auf irgendein Problem draußen stoßen und Sie sollten versuchen, es „aussiegerecht" zu lösen – sprich, auf positive Weise. Was aber nie passieren darf, ist, dass Sie Situationen vermeiden, nur weil Sie wissen, dass es mit Ihrem Aussie schwierig werden könnte. Sehen Sie schwierige Situationen als Trainingsmöglichkeit. Konzentrieren Sie sich und legen Sie sich einen Plan zurecht. Zeigen Sie dem Aussie Ihr Motivationsmittel – am besten Futter –, das er sich verdienen kann, wenn er die Aufgabe löst. Spazierengehen ist also ebenfalls wie „vorausschauend fahren" – gehen Sie bewusst in neue oder auch schwierige Situationen und lassen Sie sich nicht von Erlebnissen oder Konfrontationen überwältigen, sondern bleiben Sie immer Herr beziehungsweise Frau der Lage.

Begegnung mit anderen Hunden

Gerade bei Hütehunden ist es immens wichtig, dass sie auch nach der Welpengruppe noch weiterhin freie Kontaktmöglichkeiten mit anderen Hunden haben. Manche Trainer lehnen das ab, weil sie der Meinung sind, dass der Hund nach der Welpenspielgruppe sich nur auf den Hundeführer konzentrieren sollte und gemeinsames Spiel grundsätzlich zu vermeiden ist, um die Beziehung zwischen Mensch und Hund zu fördern. Das ist für mich gerade beim Aussie der völlig falsche Ansatz; er spielt unglaublich gern mit anderen Hunden und sollte das Verhaltensspektrum heranwachsender oder erwachsener Hunde kennenlernen. Mit der Erfahrung, die der Hund in dieser Phase machen kann, sind Hundebegegnungen wesentlich entspannter, weil die Hunde die Gelegenheit hatten, diese zu trainieren und als normal zu erkennen. Aussies lernen sehr schnell, welcher Hund ihnen gewogen ist und wen man lieber in Ruhe lassen sollte. Nichts kann das gemeinsame

Aussies sind wilde Spieler – hier können sie ihrem Temperament freien Lauf lassen.

Glücklich leben mit Australian Shepherds

In der Gruppe macht Spazierengehen noch mehr Spaß.

Rennen und Toben ersetzen. Der Aussie hat eine so hohe Bindungsfähigkeit, dass meines Erachtens das gemeinsame konzentrierte Training und das Fokussieren auf den Hundeführer nicht tangiert wird – es gibt für alles eine Zeit.

Manche Rüden oder auch Hündinnen entwickeln sich schwierig im Umgang mit anderen Hunden; auch das muss man akzeptieren, denn es ist ein Charakterzug des Hundes. Australian Shepherds sind Hunde, die oft eine größere Individualdistanz benötigen. Man sollte sie ihnen unbedingt gewähren. Haben Sie Verständnis für einen solchen Hund und helfen Sie aktiv mit, dass diese Individualdistanz eingehalten wird und kein Stress verursacht wird. Insbesondere in der Pubertät sollten Sie Ihren Aussie beobachten, wie er sich im gemeinsamen Spiel oder bei Hundebegegnungen entwickelt. Auch hier gilt wie bei der Welpenspielgruppe: Keine Plaudereien, sondern bewusstes Beobachten des gemeinsamen Spiels und gegebenenfalls eingreifen – denn auch ausuferndes oder grobes Spiel kann Stress, Meideverhalten oder gar schlechte Erfahrungen verursachen. Ein Aussie lernt auch in diesen Situationen durch seine praktischen Erlebnisse. Negative Erlebnisse können sich so manifestieren, dass der Hund Angst vor fremden Hunden entwickelt. Dies kann sich sogar zu einer Phobie gegenüber einer Hunderasse entwickeln, mit der diese negative Erfahrung gemacht wurde. Möglicherweise überträgt er diese Erfahrung auf alle anderen Hunde und hat plötzlich mit jedem Schwierigkeiten. Versuchen Sie, das Spiel zurückhaltend zu kontrollieren.

Bei der Begegnung mit unbekannten Hunden sollten Sie vorher mit dem anderen Hundebesitzer abklären, wie dessen Hund sich in der Gruppe verhält, und sollten das Zusammentreffen unbedingt genau beobachten. Sollten Sie eine Gruppe haben, bei der die Hunde aneinander gewöhnt sind, so ist dies wegen der Erfahrung der Hunde untereinander viel einfacher. Manche Erfahrungen, die Ihr Hund machen wird, werden Sie nicht steuern können, da die Situation plötzlich eintreten kann, ohne dass Sie eine Möglichkeit haben, einzugreifen. Viele Erfahrungen können Sie aber steuern und damit Ihrem Hund helfen, sich in seiner Umwelt zurechtzufinden. Sollte Ihr Aussie einmal eine schlechte Erfahrung gemacht haben, versuchen Sie diesen Situationen nicht aus dem Weg zu gehen, sondern mithilfe Ihrer aufgebauten Vertrauensbasis zu bewältigen.

Sie müssen zwar nicht selbst über die Hürden springen, sollten Ihrem Australian Shepherd aber die Möglichkeit geben, bewegungsaktiv zu sein.

Aktive Hunde
für aktive Menschen

Hier möchte ich einige Möglichkeiten vorstellen, was Sie mit Ihrem Australian Shepherd unternehmen und wie Sie ihn typgerecht auslasten können. Ob es bei einer reinen Freizeitaktivität bleibt oder teilweise auch für sportliche Wettbewerbe trainiert wird, bleibt Ihnen überlassen.

Aktive Hunde für aktive Menschen

Begleithundprüfung

Der Australian Shepherd ist eine Hunderasse, die sich hervorragend für die bekannten Hundesportarten eignet, und deshalb wird er auch turniermäßig im Hundesport geführt. Voraussetzung ist aber immer eine bestandene Begleithundprüfung.

Die Begleithundprüfung besteht aus einem theoretischen Sachkundeteil, einer Unbefangenheitsprüfung (wie verhält sich der Hund gegenüber Menschen oder anderen Hunden), dem sogenannten Gehorsamsteil (hier muss ein festgeschriebenes Schema mit unterschiedlichen Elementen aus der Basiserziehung absolviert werden) und dem Verkehrsteil (Überprüfung des Verhaltens und des Gehorsams in der Umwelt).

Aussies sind für alles zu begeistern …

Zur Basisausbildung gehört das Abrufen. Wenn der Hund so freudig herankommt wie auf diesem Foto, ist das ein gutes Zeichen für eine gelungene Zusammenarbeit.

Ich spiele unter anderem gern mit meinen Hunden die Intelligenzspiele, die es mittlerweile überall auf dem Markt gibt. Sie machen den Hunden unheimlich viel Spaß. Aber aufgepasst: So trainierte Hunde entwickeln auch in anderen Situationen ungeahnte Lösungsstrategien. Neben den Dingen, die man im Alltag zu Hause machen kann, gibt es auch schöne Angebote in Trainingsgruppen, in denen gemeinsame Ziele und viel Spaß mit Hunden im Vordergrund stehen.

49

Diesem Aussie sieht man an, wie viel Freude ihm der Sprung durch den Ring bereitet.

Wo geht es weiter?

Agility

Der Aussie ist grundsätzlich ein sehr sportlicher und agiler Hund, gute Voraussetzungen für Spaß beim Agility. Seine Stärke im Agility ist seine Führigkeit und Bindung zum Hundeführer. Wenn man die Freude und Intensität des Aussies im Agility sieht, weiß man, dass er für diese Sportart geradezu prädestiniert ist.

Agility kommt ursprünglich aus England und man kann es mit dem Springreiten im Pferdesport vergleichen. Aus unterschiedlichen Hindernissen wird ein Parcours zusammengestellt, der möglichst schnell und ohne Fehler absolviert werden muss. Es gibt dabei unterschiedliche Sprünge, Tunnel, Slaloms und Kontaktzonengeräte, die der Hund bewältigen muss. Wichtig ist dabei ein schneller, aber auch führiger Hund. Die Hunde starten in insgesamt vier unterschiedlichen Leistungsklassen, die sich durch die Zusammenstellung der Geräte und die Schwierigkeiten im Parcours unterscheiden. Zusätzlich gibt es noch das sogenannte Jumping; bei diesem Wettbewerb wird der Parcours ohne Kontaktzonengeräte gestellt.

Man sollte nicht zu früh mit dem Training beginnen und zunächst die gesundheitlichen Auswertungen auf HD und ED abwarten, bis man verstärkt in das Training einsteigt, denn Agility stellt auch eine hohe körperliche Belastung für den Hund dar. Es spricht allerdings überhaupt nichts dagegen, schon vom Welpenalter an die Hunde an die Geräte zu gewöhnen. So entdecken Sie ohne Stress, dass Action und Spaß dahinter steckt.

Der Slalom – ein schwierigeres Element beim Agility.

Beim Vorwärtsschicken zur Pylone zeigt der Hund viel Elan und Freude – so soll Obedience aussehen.

Auch der Sprung über die Hürde ist Teil des Obedience-Trainings.

Obedience

Der Aussie ist ein Hund, der sehr gerne lernt. Beim Obedience müssen bei der Prüfung viele Befehle miteinander verknüpft werden. Dafür ist viel Lernstoff erforderlich, den der Aussie aber sehr gut bewältigen kann. Das Training sollte abwechslungsreich mit viel Spiel und auch wieder Kontrolle absolviert werden und Sie werden einen begeisterten Obedience-Hund haben.

Obedience stammt ursprünglich aus England. Auch hier kann man den Vergleich zum Pferdesport ziehen und man könnte diese Sportart mit dem Dressurreiten vergleichen. Hier kommt es in hohem Maße auf die Präzision und die Geschwindigkeit der Ausführung an. Beim Obedience werden die

Übungen je nach Klasse zusammengestellt: Gruppenübungen (Sitz, Platz), Fußarbeit, Sitz, Platz oder Steh aus der Bewegung, Apport in unterschiedlichen Ausführungen (über Sprünge, Richtungsapport) und mit verschiedenen Gegenständen (Holz, Metall), Geruchsunterscheidung, Heranrufen mit Steh und Platz, Distanzarbeit (Steh, Platz, Sitz), Vorausschicken in eine Box. Auch hier gibt es vier Leistungsklassen mit ansteigendem Schwierigkeitsgrad.

Turnierhundesport

Der Aussie ist ein begeisterter Begleiter – deshalb wird ihm auch der Turnierhundesport sehr viel Spaß und Freude bereiten. Elemente mit Action oder auch Unterordnung passen einfach zum Australian Shepherd.

Der Turnierhundesport wurde vor etwa 30 Jahren in Deutschland entwickelt. Man kann diese Sportart grob als „Leichtathletik mit dem Hund" bezeichnen. Beim Turnierhundesport gibt es unterschiedliche Disziplinen:

Vierkampf 1 und 2

Der Vierkampf besteht aus einer Unterordnung, angelehnt an das Schema der Begleithundeprüfung, aus dem Dreisprung, dem Hindernislauf und dem sogenannten Slalom. Gestartet wird in unterschiedlichen Altersgruppen, somit kann der Sport wirklich in jedem Alter praktiziert werden. Es gibt hier zwei Leistungsstufen: Vierkampf 1 und die höchste Klasse Vierkampf 2.

Der Hund zeigt gute Aufmerksamkeit in der Unterordnung.

Erst die Treppe aus dem Hindernislauf ...

Geländelauf

Den Geländelauf gibt es in 2.000 Meter und in 5.000 Meter. Es wird auch hier nach unterschiedlichen Altersklassen der Hundeführer gewertet. Der Hund soll an lockerer Leine mit dem Hundeführer die Strecke bewältigen.

Hindernislauf

Beim Hindernislauf muss eine gerade Strecke mit verschiedenen Hindernissen absolviert werden. Es kommt dabei auf die Geschwindigkeit des Teams an; der Langsamere, in der Regel der Hundeführer, wird gemessen. Auch hier wird in verschiedenen Altersklassen gestartet.

Combination Speed Cup (CSC)

Der CSC ist eine Mannschaftssportart. Ähnlich wie bei einem Staffellauf treten in einer Mannschaft drei Hundeführer mit ihren Hunden an; dabei ist von jedem Hundeführer eine Sektion des CSC, der aus Hindernissen, Wendestangen besteht, zu bewältigen.

Der Aussie ist auch für diesen Sport prädestiniert und mit Spaß dabei.

Fährtenarbeit

Das Fährtentraining ist sehr gut geeignet, um ein konzentriertes Arbeiten des Aussies zu fördern. Fährtenarbeit ist wirklich Hochleistung des Hundes, auch wenn es einfach aussehen mag. Man kann das Fährtentraining zum Spaß als Ausgleich zu anderen Hundesportarten in sein Training einbauen oder auch für den Wettkampf trainieren, der in unterschiedlichen Leistungsklassen

Aktive Hunde für aktive Menschen

…dann mit großem Einsatz über die Hürde …

… und anschließend über die Tonne.

Bei der Fährtenarbeit ist Kopfarbeit angesagt – ein guter Ausgleich für körperliche Aktivität.

Frisbee macht Aussies einfach Spaß!

ausgetragen wird. Der Aussie ist vielleicht nicht die typische Hunderasse für diese Sportart, aber er hat durchaus eine gute Nase und es ist auch eine ausgezeichnete Kopfarbeit als Ausgleich für alle „Speed"-Sportarten.

Dog-Frisbee

Da der Aussie mit einem sehr hohen Spieltrieb ausgestattet ist, ist er sehr geeignet für diese Sportart. Allerdings sollte man auch hier beachten, dass Dog-Frisbee eine hohe körperliche Belastung darstellt. Deshalb sollte durch entsprechende Vorsorgeuntersuchungen überprüft werden, ob der Hund auch wirklich gesund ist. Leider gibt es erst wenige Hundeplätze, die Dog-Frisbee anbieten.

Dog-Frisbee kommt ursprünglich aus Amerika und wurde dort vor etwa 30 Jahren als Hundesportart entwickelt. Im Laufe der Zeit wurde Dog-Frisbee vor allem in Amerika zum echten Wettkampfsport. Heute gibt es diverse internationale Dog-Frisbee-Organisationen mit verschiedenen internationalen Turnierserien (UFO/USDDN/IDDHA). Im sportlichen Wettkampf werden dabei im Wesentlichen die folgenden drei Dog-Frisbee-Disziplinen betrieben:

Freestyle:
Es wird selbst eine Kür, unterlegt mit Musik, von zwei Minuten zusammengestellt. Der Hundeführer muss in dieser Zeit unterschiedliche Wurftechniken präsentieren, kombiniert mit verschiedenen

Aktive Hunde für aktive Menschen

Tricks mit dem Hund. Gespielt wird mit sieben bis zehn Scheiben, abhängig vom Reglement. Bewertet werden dabei Bewegung und Athletik beim Hund, Einfallsreichtum und Kreativität sowie Vielfältigkeit in den Wurftechniken beim Werfer, der flüssige Ablauf der Kür, die Reaktion des Publikums sowie das Discmanagement und der Gesamteindruck.

Mini Distance:
Gespielt wird auf einem Feld mit unterschiedlichen Wertungszonen, in denen sich der Hund beim Fangen befindet. Ziel ist es, im Spiel mit einer Scheibe in einer Zeit von 60 beziehungsweise 90 Sekunden möglichst viele Punkte zu erreichen.

Long Distance:
Hier gibt es keine Zeitbeschränkung. Die Scheibe soll so weit wie möglich geworfen werden, wobei nur vom Hund gefangene Scheiben zählen. Jeder Starter hat drei Würfe. Der Hund darf dabei die Startlinie nicht vor der Scheibe überqueren. Gewonnen hat das Team mit dem weitesten gefangenen Wurf.

Flyball

Auch diese Sportart kommt dem Spieltrieb des Aussies sehr entgegen. Leider gibt es nur wenige Möglichkeiten, wo man Flyball trainieren kann.

Flyball ist eine Gruppendisziplin. Dabei muss der Hund vier Hürden überwinden, eine Ball-

Die Hunde überwinden beim Flyball die Hürden im Wettlauf.

Bei der Ausführung der sogenannten Schwimmerwende.

werden in einer selbst zusammengestellten Choreografie präzise Fußarbeit und verschiedene Tricks gezeigt. Wenn man gern Dogdancing mit seinem Aussie anfangen möchte, sollte man möglichst ein Seminar besuchen.

Dogdancing-Figuren wie hier das Slalomlaufen durch die Beine können leicht in das tägliche Training eingebaut werden. Die Frisbeescheibe ist in dem Fall Motivationsobjekt.

wurfmaschine auslösen, den Ball fangen und wieder zurück über die Hürden zum Hundeführer laufen. Die Mannschaft besteht aus vier Hunden und der Wettkampf wird wie in einem Staffellauf absolviert. Beim Flyball wird in unterschiedlichen Leistungsklassen (Divisions) gegeneinander gestartet.

Dogdancing

Dogdancing ist gespickt mit Präzision und Tricks. All das kommt dem Naturell des Aussies sehr entgegen. Gemeinsames Lernen macht ihm einfach Spaß und er ist ein begeisterter Trainingspartner.
 Dogdancing ist eine noch relativ junge Sportart, zu der es aktuell aber noch kein nationales Reglement gibt. Auf Hundeausstellungen kann man des Öfteren Dogdancing-Wettbewerbe sehen und es ist eine sehr attraktive Sportart mit dem Hund. Entwickelt wird eine Kür mit Musik, dazu

Aktive Hunde für aktive Menschen

Treibball kann eine gute Alternative für arbeitslose Hütehunde sein.

Treibball

Treibball ist eine sehr neue Variante im Hundesport und wurde von Jan Nijboer entwickelt. Es soll eine Alternative für arbeitslose Hütehunde sein. Was ist nun Treibball? Der Hund lernt, große Bälle (beispielsweise einen Gymnastikball) zu treiben.

Man orientiert sich dabei an verschiedenen Elementen aus den Hütewettbewerben: Gathering = Sammeln der Schafe, Outrun = Bogen um die Schafe herumlaufen, Lift = Bälle in Bewegung setzen, Driving = zielgerichtetes Treiben, Left und Right = in die bestimmte Richtung schicken, und Penning = in ein Gatter oder Tor treiben.

Die Bälle haben unterschiedliche Farben und Größen und müssen von dem Hund in einer Reihenfolge, die der Hundeführer bestimmt, über den Platz in ein Tor getrieben werden. Das Spiel ist zu Ende, wenn alle Bälle im Tor sind und der Hund sich davor ablegt. Wichtig ist dabei, dass der Hundeführer seinen Hund über die Distanz kontrollieren und ihm Anweisungen geben kann. Derzeit gibt es noch keine Wettbewerbe, aber Jan Nijboer arbeitet an einer Wettkampfordnung. Es werden schon verschiedene Seminare für Treibball angeboten. Als Hütehund ist der Aussie für diesen neuen Sport gut geeignet.

Der Aussie als Reitbegleithund

Der Australian Shepherd ist insbesondere durch die Westernreitszene sehr bekannt geworden. Es gibt auch beim Westernreiten eine Disziplin „Dog and Horse", wo ein Trailparcours gemeinsam mit Pferd und Hund bewältigt werden muss. Hier

Ein Reitbegleithund muss sehr gut ausgebildet sein, damit auch vom Pferd aus alle Befehle funktionieren.

werden also die Qualitäten des Hundes als Reitbegleithund getestet. Ein guter Reitbegleithund sollte auch entsprechend ausgebildet sein, er sollte alle Befehle auch vom Pferd aus auf Distanz ausführen können. Was beim Aussie etwas schwierig werden könnte, ist, dass der Hütetrieb richtig kanalisiert werden muss. Hütetrieb am Pferd zeigt sich sehr oft durch Verbellen oder den Versuch, das Pferd in die Fesseln zu beißen. Das darf natürlich nicht sein, denn das wäre lebensgefährlich für alle Beteiligten. Der Aussie darf nie eine Gefahr für Pferd und Reiter darstellen. Zeigt ein Hund ein solches Verhalten, muss eben viel stärker in das Basistraining eingestiegen werden, das heißt, Ausbildung am Boden mit dem Pferd an der Hand, und danach kann es schrittweise gesteigert werden, bis der Aussie verstanden hat, welches Verhalten am Pferd erwünscht ist. Ich hatte Hunde, bei denen ich in ein solches Basistraining einsteigen musste, weil der Hütetrieb stark zum Tragen kam, und ich hatte Hunde, bei denen das Mitlaufen am Pferd nie ein Problem war. Bei meinem Aussie Jake war der Hütetrieb sehr ausgeprägt. Nach der fundierten Ausbildung hatte ich aber einen genialen Reitbegleithund. Er ließ das Pferd nicht aus den Augen und war sehr zuverlässig. Ich glaube, er war der Meinung, er löse die Vorwärtsbewegung des Pferdes aus. Diese Aufgabe machte ihn sichtbar zufrieden.

Der Aussie als Rettungshund

Der Aussie ist durch seine Vielseitigkeit als Rettungshund sehr gut geeignet. In vielen Rettungshundestaffeln sind Aussies zuverlässige Begleiter. Ein geeigneter Rettungshund sollte wesensfest sein, das heißt, er sollte gegenüber Menschen und Tieren keine Aggression oder Ängstlichkeit zeigen. Er sollte gewandt und trittsicher sein, sehr lernfreudig und leistungswillig, dabei von mittlerer Größe und nicht zu schwer. Dies sind alles Eigenschaften, die durchaus auf den Australian Shepherd zutreffen. Zur Grundausbildung eines Hundes gehören die Geländegängigkeit, sprich, das sichere Bewegen auf unterschiedlichsten Untergründen, die Gerätearbeit (Leitern, Röhren, Wippen), Gehorsamkeit, Anzeigeübungen (Verbellen, Apportel anzeigen, Rückverweisen, Scharren) und die Sucharbeit (Flächensuche, Trümmersuche). Neben den hohen Anforderungen an den

Aktive Hunde für aktive Menschen

Hund ist hier der Hundeführer ein wesentlicher Bestandteil des Teams und er sollte eine gute psychische und physische Konstitution mitbringen. Rettungshundearbeit ist kein Hundesport zum Zeitvertreib, sondern sollte ernsthaft betrieben werden.

Der Aussie als Service- oder Therapie-/Sozialhund

Zu den Servicehunden gehören alle Hunde, die von Menschen gezielt dazu ausgebildet werden, um bestimmte Dienstleistungen für den Menschen zu erbringen, damit diese Menschen ein Stück Unabhängigkeit gewinnen. Die häufigsten Einsatzgebiete sind in der Blindenhundearbeit, als Begleithunde für Behinderte, als Signalhunde und sogenannte Epilepsiehunde. Die Aufgabe der Signal- oder Epilepsiehunde besteht darin, Anfälle oder kritische psychische Zustände vor dem eigentlichen Auftreten bereits anzuzeigen.

Die Auswahl des richtigen Welpen sowie die Aufzucht und Ausbildung eines Servicehundes gehören in professionelle Hände.

Die Funktion von Therapie- oder Sozialhunden bezieht sich nicht auf bestimmte Dienstleistungen für den Menschen, sondern sie besteht darin, präsent zu sein und mit dem Klienten oder Patienten zu kommunizieren. Hunde, die in Besuchsprogrammen, beispielsweise im Altenheim, eingesetzt werden, sind als Sozialhunde zu bezeichnen; solche, die an einer therapeutischen Sitzung mit klaren Zielvorgaben teilnehmen, als Therapiehunde. Die Grenzen sind jedoch fließend, da bereits die Anwesenheit eines Hundes die Stimmung entspannt, Freude vermittelt, Menschen zum Lachen bringt, welches ebenfalls Effekte sind, die man durchaus als therapeutisch bezeichnen kann. Nicht

Vertrauen zum Menschen ist eine wichtige Grundlage für die Arbeit als Therapiehund.

jeder Hund ist als Therapiehund geeignet. Die Tiere müssen sich durch Menschenfreundlichkeit und Nervenstärke auszeichnen und eine spezielle Ausbildung absolvieren. Zu ihrer anspruchsvollen Aufgabe gehört, dass sie enormen Stress verarbeiten können, ihre ursprünglichen Instinkte unterdrücken, ungewöhnliche Bewegungen, laute Geräusche, den Anblick bedrohlicher Gegenstände und ungeschickte körperliche Zuwendung akzeptieren lernen. Therapiehunde werden in vielen verschiedenen Bereichen eingesetzt, beispielsweise in Psychiatrien, geriatrischen Einrichtungen, Krankenhäusern, Alten- und Pflegeheimen, Behinderteneinrichtungen, Erziehungsheimen, psychotherapeutischen Praxen und Justizvollzugsanstalten.

Ein großes Spektrum von Tieren in der Therapie sollte professionellen Kräften überlassen werden, ein großes Betätigungsfeld für ehrenamtliche Helfer stellen Besuchshunde dar. Bevor man jedoch diesen Weg geht, sollte man sich auch bewusst sein, dass die Besuche für die Hunde ein erhebliches Stresspotenzial mit sich bringen: Sie werden in den jeweiligen Einrichtungen mit ungewohnten Reizen konfrontiert, die möglicherweise sogar bedrohlich wirken können. Des Weiteren können Streicheleinheiten für die Hunde durch mangelnde motorische Fähigkeiten der Patienten unangenehm oder schmerzhaft sein. Auch mangelnde Rückzugsmöglichkeiten in den Einrichtungen können Stress beim Hund auslösen.

Der Australian Shepherd – abhängig von seinem individuellen Wesen – eignet sich für die sogenannte tiergestützte Therapie oder die Aus-

bildung als Servicehund. Mit geeigneten und gut vorbereiteten Besuchshunden kann man sicherlich einer Menge bedürftiger Menschen Freude machen. Unter anderem werden Ausbildungsmöglichkeiten zum Beispiel bei der Johanniter-Unfall-Hilfe angeboten, oder auch der Verein Tiere helfen Menschen unterstützt Besuchsprogramme mit Hunden.

Mit dem Aussie zur Hundeausstellung

Bei manchen Australian Shepherd-Besitzern besteht der Wunsch – manchmal ist es auch der Wunsch des Züchters –, den Hund auf einer Ausstellung vorzustellen, um eine Bewertung zu erhalten. Es haben leider schon viele Besitzer feststellen müssen, dass auch dazu eine ordentliche Vorbereitung erforderlich ist. Der Hund muss zudem wesensfest sein. Eine große internationale Ausstellung kann für ungeübte Hunde Stress bedeuten. Sollten Sie also eine Ausstellungskarriere für Ihren Hund planen, besuchen Sie solche Ausstellungen frühzeitig als Training, ohne den Hund auszustellen, damit er die Atmosphäre kennenlernt. Sie werden dann auch erkennen, ob Ihr Aussie mit dem Umfeld Probleme hat oder nicht. Zeigt er Angst, könnte dies bedeuten, dass es schwierig für ihn werden könnte, seine Aufgaben im Ausstellungsring zu bewältigen. Dann sollten Sie so fair sein und den Hund nicht ausstellen. Zeigt sich Ihr Hund unbeeindruckt, können Sie weiterplanen. Üben Sie das, was in einem

Aktive Hunde für aktive Menschen

Der typvolle Ausdruck eines Ausstellungshundes.

Ausstellungsring verlangt wird: Stehen, Anfassenlassen, Kontrolle der Zähne und Laufen im Trab. Das gemeinsame Laufen sollten Sie möglichst auch mit anderen Hunden trainieren, sonst könnte es Ihnen passieren, dass der Hund nicht mehr kontrolliert läuft, weil er den anderen Hunden hinterherstürmt. Lassen Sie auch das Kontrollieren der Zähne von unterschiedlichen fremden Personen durchführen. Am besten starten Sie dann in der Jüngstenklasse (sechs bis neun Monate) oder in der Jugendklasse (neun bis achtzehn Monate). In dieser Klasse wissen die Richter, dass sie einen jungen, noch unerfahrenen Hund vor sich haben. Sie sind dann oft gnädiger, wenn mal etwas nicht auf Anhieb funktioniert, und lassen sich für den einzelnen Hund meist auch mehr Zeit. In den Erwachsenenklassen ab fünfzehn Monaten erwarten die Richter schon einen Hund, der sich gut zeigen lässt und sich anständig im Ring benimmt. Wenn sich der Hund nicht anfassen lässt oder in keinem vernünftigen Trab vorgestellt wird, kann der Richter den Hund schlecht beurteilen. Für den ersten Start sind auch immer Spezialzuchtschauen auf der grünen Wiese zu empfehlen, die Umweltreize sind hier nicht so groß wie bei einer internationalen Rassehundeausstellung, und oft gibt es hier auch schon Welpenbesprechungen, wo man das Ausstellen in lockerer und zwangloser Atmosphäre üben kann.

Neben dem entsprechenden Ringtraining sollte man den Hund dann auch vor der Ausstellung baden. Trimmen kann man die Haare an den Pfoten und den Ohren. Kurse für Ausstellungen und die entsprechende Vorbereitung werden von den Rassehundeklubs in regelmäßigen Abständen veranstaltet.

Ernährung, Pflege und Gesundheit

Der Australian Shepherd stellt eigentlich keine besonderen Ansprüche an seine Ernährung. Etwas aufwendiger ist sicherlich die Pflege, da es sich um eine langhaarige Hunderasse handelt.

Ernährung, Pflege und Gesundheit

Ernährung

Viele Hundebesitzer haben bei der Ernährung ihres Vierbeiners ihre ganz eigene Philosophie. Es gibt unterschiedliche Möglichkeiten, Hunde zu ernähren:

- Fertigfutter (Trocken-/Nassfutter)
- Selbst gekochtes und zusammengestelltes Futter
- Rohfütterung (BARF = Biologisch artgerechte Rohfütterung)

Es gibt heute ein umfangreiches Angebot an Fertigfutter für alle Altersgruppen und Spezialnahrung (Welpen, Junghunde, Senioren, Leistungsfutter) für alle Lebensphasen und -lagen. Man kann aber auch selbst kochen oder die Rohfütterung durchführen. Das bringt allerdings mit sich, dass man sich intensiv mit der richtigen Zusammenstellung des Futters im Hinblick auf Nährstoffe, Vitamine, Mineralstoffe und die Qualität der Nahrungsprodukte auseinandersetzen muss, um eine optimale Ernährung zu ermöglichen. Auch beim Fertigfutter gibt es sehr unterschiedliche Qualitäten. Sie sollten aber in jedem Fall ein hochwertiges Futter (sogenannte Premiumqualität) wählen. Der Grund hierfür liegt daran, dass billiges Futter meist einen höheren Rohfasergehalt aufweist. Dies bedeutet, dass die Wasserausscheidung im Kot zunimmt; dadurch wird die Mineralkonzentration im Urin höher und es steigt das Risiko für Harnsteinbildung. Sehr oft erkennt man die Qualität des Futters auch am Kotabsatz. Ein Versuch ergab dabei folgendes Ergebnis: Bei gut verdaulichem Futter, also hochwertigem Futter, lag der Kotabsatz bei 1,7-mal pro Tag, bei schwer verdaulichem Futter, also Futter mit einem hohen Rohfasergehalt, wurde mehr als viermal täglich Kot abgesetzt. Sollten Sie auf Trockenfertigfutter zurückgreifen, dann sollten Sie auf jeden Fall reichlich frisches Wasser zur Verfügung stellen. Auch wenn Sie unterwegs sind, sollten Sie immer genug Wasser mit dabeihaben. Manche Hunde mögen kein Wasser, das schon einige Zeit gestanden hat; geben Sie also immer frisches Wasser.

Ich empfehle aufgrund des speziellen Verdauungsapparates des Hundes, den Aussie zweimal täglich zu füttern. Der Australian Shepherd ist in der Regel sehr „verfressen" und bei zweimaligem Füttern nimmt man auch den hundlichen Emotionen vor dem Füttern oder bei der Zubereitung des Futters ihre Spitzen. Gerade bei Rudelhaltung kann es bei der Vorbereitung des Futters zu Übersprunghandlungen gegen andere Rudelmitglieder aus Futtergier kommen. Hat man mehrere Aussies, sollten Sie die Hunde so erziehen, dass jeder nur aus seinem Napf fressen darf. Die Fütterungsreihenfolge sollte je nach Rangordnung ebenfalls immer eingehalten werden.

Wichtig ist auch, dass man die speziellen Nahrungsanforderungen in den verschiedenen Phasen eines Hundelebens oder für spezielle Anforderungen (Futter für Leistungshunde, spezielle Diätfutter) beachtet. Welpenfutter erfordert einen höheren Eiweißgehalt sowie einen höheren Anteil an Kalzium/Phosphor für das Knochenwachstum. Ich empfehle unbedingt, das langsame Wachstum des Australian Shepherds zu unterstützen. Ich stelle dazu relativ schnell auf Futter für erwachsene Hunde um. Wenn Futter speziell für Junghunde

Gute Ernährung zeigt sich auch in glänzendem Fell und einer guten Haarstruktur.

gefüttert werden soll, ist es anzuraten, Futter für große Rassen zu verwenden, nicht für mittelgroße Rassen, da große Rassen nach Meinung der Futterhersteller langsamer wachsen sollen und deshalb die Zusammensetzung des Futters auch entsprechend gestaltet ist. Der junge Hund sollte nie übergewichtig sein, das belastet Knochen, Sehnen und Bänder, und gerade in der Wachstumsphase sollten Sie das unbedingt auch im Hinblick auf das Risiko einer Hüftgelenkdysplasie (HD) vermeiden. Auch im Alter sollte der Australian Shepherd mit weniger fettreichem Futter ernährt werden; aufgrund der oftmals verminderten Bewegung benötigt er nicht mehr so viel Energie. Der Maßstab für ein gutes Futterkonzept ist für mich die Kondition der Hunde: Das Fell ist glänzend, der Kot ist fest und der Kotabsatz in normalem Rahmen (zweimal täglich), der Hund riecht nicht und der Hund ist vom Gewicht her in optimalem Zustand.

Regelmäßige Pflege – gewusst wie

Der Australian Shepherd ist ein Hund, dessen Haar entsprechende Pflege benötigt. Rüden haben längeres Fell als die Hündinnen, das etwas pflegeintensiver ist. Zweimal im Jahr wird das Fell gewechselt. Die Hündinnen haaren gewöhnlich nach der Läufigkeit ab oder nachdem sie Welpen hatten. Einmal in der Woche sollte der Aussie durchgebürstet werden. Ich persönlich verwende gern eine Maxipin-Bürste für die sehr langhaari-

Ernährung, Pflege und Gesundheit

gen Hunde; diese ist gerade für empfindliche Hunde oder empfindliche Stellen wie die „Hosen" (die langen Haare im oberen Bereich der Hinterhand) empfehlenswert. Ansonsten können Sie eine Zupfbürste oder einen Kamm verwenden. Während des Fellwechsels können Sie auch einen sogenannten Coat King verwenden; er entfernt die abgestorbene Unterwolle problemlos.

Zum Schneiden der Haare an den Pfoten sollten Sie sich eine kurze stumpfe Schere anschaffen. Es empfiehlt sich, mit dieser Schere die Haare zwischen den Ballen kurz zu schneiden. Die Pfotenoberseiten können Sie mit einer Effilierschere kürzen. Der Vorteil der geschnittenen Pfotenhaare liegt darin, dass der Aussie weitaus weniger Schmutz und Dreck mit ins Haus bringt. Auch im Schnee haben geschnittene Pfotenhaare den Vorteil, dass sich nicht so viel Schnee in den Haaren verklebt. Bitte kontrollieren Sie die Ballenzwischenräume auf Fremdkörper oder Entzündungen. Auch die Krallen sollten regelmäßig geschnitten werden. Sie sollten jedoch nicht in den lebenden Bereich der Krallen schneiden, das blutet sehr stark. Die Ohren sollten Sie regelmäßig auf Entzündungen kontrollieren. Hier helfen Ohrreiniger vom Tierarzt recht gut; niemals sollten Sie Wattestäbchen benutzen. Auch die Augen können öfter verschmutzt sein; diese können mit speziellen Pflegetüchern gereinigt werden.

Die Zähne müssen auf Zahnstein untersucht werden. Am besten Sie putzen regelmäßig die Zähne Ihres Hundes mit einer Hundezahnpasta. Zahnstein sollte mit einem dafür vorgesehenen Gerät entfernt werden. Auch die Gabe von Kau-

Zahnkontrolle gehört zur Routine. Dieser Hund lässt es sich brav gefallen, weil er von klein an daran gewöhnt wurde.

Der Aussie genießt die Pflege sichtlich.

- Pfoten anfassen
- Pfotenunterseite und Krallenzwischenräume sowie Krallen kontrollieren
- Haare schneiden
- Ohren, Augen und Zähne kontrollieren
- Alle Körperteile anfassen
- Baden

Dies ist auch schon ein gutes Training für eventuelle Tierarztbesuche, wenn der Aussie lernt, sich überall anfassen zu lassen. Deshalb rate ich, diese Dinge von Anfang an zu trainieren, sie gehören für mich zur Grundausbildung.

stangen oder Knochen ist ideal zur Reinigung der Zähne, reicht aber nicht immer aus. Bei manchen Hunden müssen die Analbeutel regelmäßig entleert werden. Ein Zeichen für volle Analbeutel ist das „Schlittenfahren". Sollte Ihr Hund dieses Verhalten öfter zeigen, ist es an der Zeit, seine Analbeutel beim Tierarzt kontrollieren zu lassen. Bei dieser Gelegenheit können Sie sich das Entleeren der Analbeutel dann auch gleich zeigen lassen, damit Sie es in Zukunft selbst machen können.

Die Durchführung der regelmäßigen Pflege muss schon beim jungen Hund trainiert werden. Das Welpenfell ist zwar nicht sehr anspruchsvoll in der Pflege, man kann aber schon Folgendes üben:

Gesundheit

Wenn Sie Ihren Aussie immer gut beobachten, wird Ihnen sehr schnell auffallen, falls etwas nicht stimmt. Alarmzeichen sind unter anderem: Durchfall und/oder Erbrechen, Hund frisst nicht, unangenehmer Geruch des Hundes, Hund trinkt mehr als üblich, schleckt an der gleichen Stelle, Lahmheiten. Sind Sie sich unsicher, ist es immer besser, den Aussie einem Tierarzt vorzustellen. Außerdem sollten Sie Ihren Hund regelmäßig entwurmen oder auf Wurmbefall untersuchen lassen; bitte besprechen Sie die Intervalle mit Ihrem Tierarzt. Auch die Impfungen des Hundes müssen regelmäßig durchgeführt werden. Die Grundimmunisierung für Staupe, Hepatitis, Leptospirose und Parvovirose ist mit der Impfung in der zwölften Woche abgeschlossen. Die erste Impfung sollte bereits beim Züchter in der achten Woche erfolgt sein. Mit Ihrem Tierarzt sollten Sie bespre-

Ernährung, Pflege und Gesundheit

chen, wann gegen Tollwut geimpft werden soll und ob zusätzlich eine Impfung gegen Zwingerhusten erforderlich ist. Ich kann Ihnen diese Impfung dann empfehlen, wenn Sie häufig auf Hundeplätzen oder Ausstellungen unterwegs sind. Die Impfung verhindert zwar nicht den Ausbruch der Krankheit, der Verlauf ist jedoch wesentlich abgeschwächter.

Sie sollten auch eine Vorkehrung gegen Zecken- und Flohbefall treffen. Dazu gibt es hervorragende Spot-on-Präparate (es wird eine Flüssigkeit auf die Haut aufgebracht), aber auch Halsbänder oder Sprays, die benutzt werden können, um einem Befall vorzubeugen. Gerade die Zecken können für einen Hund durch Borreliose und die Frühsommermeningitis (FSME) gefährlich werden. Gegen die Borreliose gibt es mittlerweile eine Impfung, die aber relativ umstritten ist, auch hierzu sollten Sie Ihren Tierarzt befragen.

Der Australian Shepherd ist eine relativ gesunde Hunderasse. Es gibt keine Erkrankung, von der diese Hunderasse signifikant betroffen wäre. Nichtsdestotrotz sollte es das Anliegen jedes Züchters sein, über die notwendigen Vorsorgeuntersuchungen einen Beitrag zur Gesunderhaltung der Rasse zu leisten. Immer wieder auftretende Fälle von erblichen Erkrankungen zeigen, wie wichtig es ist, Informationen über den Gesundheitsstatus der Rasse zu erhalten und eventuell notwendige züchterische Maßnahmen einzuleiten. Hier kann jeder Besitzer dieser wundervollen Rasse seinen Beitrag dazu leisten, indem er seinen Hund untersuchen lässt und das Ergebnis dem Zuchtverband meldet. Empfehlenswert ist eine Untersuchung auf

Bevor man mit seinem Aussie körperlich belastende Sportarten betreibt, sollte seine Gesundheit überprüft werden.

Hüftgelenk- (HD) und Ellenbogendysplasie (ED) sowie eine Augenuntersuchung im Alter von etwa drei bis vier Jahren, die von einem anerkannten Ophthalmologen (Augenspezialisten für Hunde) des Dortmunder Kreises (DOK – Vereinigung der Veterinär-Ophthalmologen) vorgenommen werden sollte. Idealerweise sollte bei dem Welpen bereits vor Abgabe an den neuen Besitzer eine Augenuntersuchung durchgeführt werden. Achten Sie auch hier auf eine Auswertung eines DOK-Tierarztes. Das Röntgen für HD und ED macht meist ein Tierarzt vor Ort. Der Hund muss dazu in Narkose gelegt werden. Die Bilder gehen dann direkt zum offiziellen Auswerter des Hohenheimer Kreises. Dort wird der jeweilige HD-/ED-Grad festgestellt. Ebenfalls empfehlenswert ist es, den Status des MDR (Multi Drug Resistance) mittels einfacher Blutuntersuchung festzustellen. Sollten Sie planen, Ihren Hund untersuchen zu lassen, können Sie Ihren Zuchtverband ansprechen, der Sie mit entsprechenden Formularen, Adressen und Informationen versorgt.

Erkrankungen des Knochenapparates

Hierzu zählen im Wesentlichen die Hüftgelenk- und Ellenbogendysplasie. Sie treten in dieser Rasse nicht sehr häufig auf (Befallrate Orthopaedic Foundation of Animals, USA: 4 Prozent) und haben beide sowohl eine genetische Disposition als auch umweltbezogene Ursachen wie beispielsweise Übergewicht, zu schnelles Wachstum oder Überbelastungen während der Wachstumsphase.

Hüftgelenkdysplasie

Die Hüftgelenkdysplasie (HD) ist eine Fehlentwicklung der Hüftgelenke, wobei einfach ausgedrückt die gelenkbildenden Knochen, die Gelenkpfanne und der Oberschenkelkopf nicht korrekt aufeinanderpassen. Die Ausprägung der klinischen Symptome variiert in Abhängigkeit vom Alter des Tieres beziehungsweise vom Stadium der Krankheit. Bei relativ jungen Tieren resultieren die Schmerzen aus der Tatsache, dass der Oberschenkelkopf in der Hüftgelenkpfanne nur ungenügend Halt findet und durch seine erhöhte Beweglichkeit Nervenfasern der Knochenhaut gereizt werden. Bei älteren Tieren treten die Schmerzen meist aufgrund einer fortschreitenden Arthrose auf. Für die HD sind neben der genetischen Disposition auch die Ernährung während der Wachstumspha-

se sowie Überbelastungen in dieser Zeit verantwortlich. Wichtig ist auch hier, dass der Aussie langsam wächst und während der Wachstumsphase ein optimales Gewicht haben sollte. Selbstverständlich sollten auch Überbelastungen in Form von Springen oder Treppensteigen vermieden werden. Die Diagnose der HD ist über die Röntgendiagnostik möglich. Alle Zuchthunde sollten auf HD untersucht sein, ebenfalls alle Sporthunde, hier auch wieder insbesondere Aussies, die aktiv im Agility arbeiten werden. Die HD ist nicht heilbar, man kann nur das Auftreten von klinischen Symptomen und den damit verbundenen Schmerzen hinauszögern. Dies kann man einerseits durch die richtige Ernährung und andererseits mit nicht zu viel Sport erreichen. Der Aussie sollte nur wenig belastet werden und ein Stauchen und Überdehnen des Hüftgelenks ist zu vermeiden. Man kann knorpelaufbauende Zusatzfuttermittel geben oder auch durch physiotherapeutische Maßnahmen die Becken- und Oberschenkelmuskulatur aufbauen und damit das Hüftgelenk entlasten. Weitere Therapiemöglichkeiten, abhängig von der Stärke der klinischen Symptome, wären Goldakupunktur oder verschiedene operative Möglichkeiten bis hin zu einem künstlichen Hüftgelenk.

Ellenbogendysplasie

Die Ellenbogendysplasie (ED) ist ein chronisch verlaufender Krankheitsprozess des Ellenbogengelenks schnellwüchsiger Hunderassen, zu denen auch der Australian Shepherd zu zählen ist. Die Erkrankung entsteht während des Wachstums und

Ernährung, Pflege und Gesundheit

Bewegung im Wasser stärkt die Muskulatur.

hat neben Fütterungs- und Bewegungseinflüssen auch eine genetische Disposition. Typisch ist ein Auftreten der Erkrankung im Alter von vier bis acht Monaten, wobei Rüden aufgrund des stärkeren Wachstums eher von der Erkrankung betroffen sind. Die erkrankten Hunde zeigen zunächst eine Steifigkeit beim Aufstehen am Morgen oder auch nach Ruhepausen, sind aber beim weiteren Verlauf der Erkrankung von einer fortschreitenden chronischen Lahmheit betroffen, die unterschiedlich stark auftreten kann. Diese resultiert aus Arthrosen, die durch die Veränderung des Gelenks entstehen. Therapiemöglichkeit ist ein operativer Eingriff, der umso Erfolg versprechender ist, je weniger Arthrosen sich bereits im Gelenk gebildet haben. Zuchthunde sollten idealerweise auf ED mittels Röntgendiagnostik untersucht werden. Auch für Aussies, die aktiv im Hundesport geführt werden, hier insbesondere im Agility, ist eine Untersuchung auf Ellenbogendysplasie empfehlenswert, damit man den Sport auch mit einem wirklich gesunden Hund betreibt.

Viele Aussies können trotz dieser Erkrankungen ein zufriedenes Leben führen, wenn man bereit ist, rücksichtsvoll mit ihnen umzugehen. Dazu gehört, dass man belastende Hundesportarten, wie beispielsweise Agility oder Turnierhundesport, aus seinem Programm streicht. Man kann seinen Aussie auch mit Obedience oder Fährtenarbeit sinnvoll beschäftigen und damit einen Beitrag leisten, dass der Hund bis ins hohe Alter schmerzfrei leben kann.

Erkrankungen des Auges

Es gibt eine Reihe von erblichen Augenerkrankungen, die insgesamt aber auch keine signifikante Belastung der Rasse zeigen. Die häufigste Augenerkrankung ist die Katarakt, hier ist laut DOK rund 1 Prozent der Gesamtpopulation betroffen.

Katarakt (grauer Star)

Als Katarakt wird jede unphysiologische Trübung der Linse oder der Linsenkapsel bezeichnet, unabhängig von der Ursache (erblich oder nicht erblich), dem Ausmaß (minimale Trübung oder vollständig getrübte Linse) oder dem Zeitpunkt des Auftretens (angeboren oder erworben). Jede Katarakt, ob ein- oder beidseitig, wird als erblich bedingt angesehen, sofern sich nicht eindeutige Hinweise auf eine andere Ursache (Verletzung, Stoffwechselstörungen, beispielsweise Diabetes mellitus, Entzündungen, MPP) ergeben. Mittlerweile gibt es einen Gentest für Katarakt, der aber leider noch nicht alle Formen der Katarakt abdeckt.

Iriskolobom

Das Iriskolobom ist die zweithäufigste Augenerkrankung beim Australian Shepherd. Ein Iriskolobom ist eine angeborene Fehlentwicklung der Iris. Prinzipiell fehlt ein Stück der Iris, das heißt, eine embryonal vorhandene Spalte, die sich normalerweise im Verlauf der Entwicklung schließt, bleibt offen. In den meisten Fällen ist eine Beeinträchtigung der Sehkraft unbedeutend, größere Kolobome können zu einer Lichtempfindlichkeit führen. Iriskolobome können bereits bei der Welpenaugenuntersuchung festgestellt werden.

Progressive Retina-Atrophie (PRA)

Die PRA ist eine Gruppe von erblich bedingten Netzhauterkrankungen, die durch Dysplasien (Frühformen) oder Degenerationen (Spätformen) der Sehzellen (Fotorezeptoren) zur Beeinträchtigung des Sehvermögens beziehungsweise Erblindung führen.

Der Australian Shepherd ist keine Hunderasse, die signifikant von einer genetisch bedingten Krankheit betroffen ist.

Ernährung, Pflege und Gesundheit

Collie-Eye-Anomalie (CEA)

Die CEA ist ein Oberbegriff für eine Gruppe von angeborenen, rezessiv vererbten Entwicklungsstörungen des Augenhintergrundes. Die Beeinträchtigung variiert mit dem Schweregrad der Veränderungen, nur in schweren Fällen führt die CEA zu Sehbeeinträchtigungen. Der ideale Untersuchungszeitpunkt ist im Welpenalter; deshalb ist es wichtig, dass die Welpen mit einer Augenuntersuchung eines DOK-Tierarztes abgegeben werden. Es gibt sogenannte „Go-normals", das sind Hunde, bei denen man als erwachsene Hunde diesen Defekt nicht mehr feststellen kann; nichtsdestotrotz können diese Hunde die Krankheit vererben. Es gibt mittlerweile in den USA einen Gentest für CEA, der aber aufgrund der Kosten nur dann zu empfehlen ist, wenn in der Hundefamilie Fälle von CEA aufgetreten sind.

Membrana Pupillaris Persistens (MPP/PPM)

Diese Erkrankung ist eine angeborene fehlende Rückbildung embryonaler Gefäßstrukturen im Bereich der Pupillenöffnung. Eine beim Welpen festgestellte MPP kann sehr häufig im Alter von sechs Monaten bis zu einem Jahr bei einer Nachuntersuchung nicht mehr diagnostiziert werden. Hunde mit MPP Iris können in die Zucht, sollten aber nur mit freien Linien verpaart werden, alle anderen Formen der MPP sollten zum Zuchtausschluss führen. Hunde, bei denen auch bei einer Nachuntersuchung die Erkrankung weiterhin festgestellt wird, sollten nicht in die Zucht. Die MPP/PPM bedeutet in der Regel keine Beeinträchtigung für den Hund.

Distichiasis

Die Distichiasis ist die Anwesenheit von Haaren (Distichien) im Bereich des Lidrandes, der normalerweise haarlos ist. Beim Australian Shepherd ist die Distichiasis in der Regel nicht sehr ausgeprägt und die Hunde haben keinerlei Einschränkungen, da es sich meist nur um ein bis zwei Haare handelt. Man sollte jedoch betroffene Hunde nur mit freien Hunden verpaaren.

Retina-Dysplasie

Die Retina-Dysplasie ist eine Fehlentwicklung der Netzhaut. Man unterscheidet hierbei drei Formen: Netzhautfalten, geografische Retina-Dysplasie mit größeren Flächen abnorm entwickelter Netzhaut sowie die Totale Retina-Dysplasie mit Netzhautablösung. Die letzten beiden Formen führen zur Beeinträchtigung des Sehvermögens beziehungsweise Blindheit.

Epilepsie

Auch beim Australian Shepherd sind Fälle von Epilepsie bekannt. Zurzeit gibt es leider keinen Test für diese Krankheit, auch die Vererbung ist unbekannt. Erschwerend kommt hinzu, dass die idiopathische (erbliche) Epilepsie nur per Ausschlussdiagnostik festgestellt werden kann, da auch viele andere Erkrankungen Krampfanfälle beim Hund auslösen können. In der Regel tritt die erbliche Epilepsie im Alter von anderthalb bis drei Jahren auf, wobei sie in Einzelfällen auch bei jüngeren oder älteren Hunden auftreten kann. Bei manchen Hunden besteht die Chance, die Erkrankung durch entsprechende Medikamentierung in

Wenn man den MDR-Status seines Aussies nicht kennt, sollte man diesen ermitteln lassen. Dieser Hund ist genetisch frei – MDR ist keine Krankheit.

den Griff zu bekommen, aber leider ist dies nicht in allen Fällen möglich. In den USA wird seit Jahren an einem Gentest gearbeitet und es wurden auch schon Fortschritte in der Forschung erzielt. Jedoch wird es noch einige Zeit in Anspruch nehmen, bis ein zuverlässiger Test zur Verfügung steht.

Autoimmunerkrankungen/Allergien

Beim Australian Shepherd wurde in den letzten Jahren über Fälle von Autoimmunerkrankungen berichtet. Die beim Australian Shepherd am häufigsten vorkommenden Erkrankungen sind Thyroiditis, Lupus und die generalisierte Demodikose. Es gibt genetische Dispositionen für diese Erkrankungen, sie werden aber in der Regel durch Umweltfaktoren ausgelöst.

Das Gleiche gilt im Prinzip für Allergien, auch hier wird über zunehmende Fallraten – wenn auch nicht für die Rasse signifikant – berichtet. Auch für Allergien gibt es eine genetische Disposition, jedoch spielen auch hier Umweltfaktoren eine wesentliche Rolle bei der Entwicklung der Erkrankung.

Multi Drug Resistance (MDR)

Bei den Hütehunden kann es zu einem Defekt im MDR-Gen kommen, der zu einer mangelhaften oder fehlenden Synthese eines bestimmten Proteins führt. Dieses Defekt-Gen führt zu einer Überempfindlichkeit gegenüber bestimmten Wirkstoffen wie zum Beispiel Ivermectin. Die Vererbung erfolgt nach Mendel. Der MDR-Defekt ist definitiv keine Erkrankung. Wichtig ist nur, dass man den MDR-Status seines Aussies kennt und, falls es sich um ein betroffenes Tier handelt, seinen Tierarzt über den Sachverhalt aufklärt und bei eventuellen Behandlungen dafür Sorge trägt, dass Risikomedikamente nicht verabreicht werden. Testen kann man seinen Hund mittels EDTA-Blut – sprechen Sie dazu Ihren jeweiligen Zuchtverband an. Auch der MDR-Status der Elterntiere kann Ihnen einen Hinweis geben, ob Ihr Hund von diesem Gendefekt betroffen sein könnte.

Die Autorin

Die Autorin Claudia Bosselmann lebt in einem kleinen Weiler in der Nähe von Donaueschingen im Schwarzwald. Mit ihr und ihrem Mann leben vier Australian Shepherds zusammen. Sie liebt die Vielseitigkeit dieser Rasse und findet es faszinierend, mit jedem Hund aufs Neue auf Entdeckungsreise zu gehen. Sie liebt die spezielle Komik dieser Hunde, ihre Loyalität und ihre Treue. Claudia Bosselmann ist mit ihren Aussies im Hundesport aktiv und ist selbst Hundetrainerin mit einem Faible für das Junghundetraining, weil dort die Grundlagen für ein glückliches Zusammensein von Mensch und Hund gelegt werden. Außerdem ist sie aktive Züchterin und Ausstellerin. Zu ihrer Zuchtstätte gehören FCI-Weltsieger, mehrere VDH-Champions, mehrfache Bundessieger, aber auch Hunde, die im Sport erfolgreich geführt werden. Sie ist außerdem seit mehreren Jahren im Club für Australian Shepherd Deutschland in verantwortlicher Position tätig.

Danke

Dieses Buch ist vor allem meinem Mann Dirk gewidmet. Ohne seine Unterstützung wäre meine vielfältige Tätigkeit rund um den Aussie und die Hunde im Allgemeinen nicht möglich. Danken möchte ich auch allen Mitgliedern meiner Familie, insbesondere meiner Mutter, die mir viel auf meinen Weg mitgegeben hat. Ich danke meinen Aussies, die mich immer wieder aufs Neue mit ihrer Intelligenz, ihrem Einfallsreichtum, ihrer Komik und ihrem Charakter begeistern. Ich danke allen Freunden und Bekannten, von deren Erfahrung ich lernen und an deren Erlebnissen ich teilhaben durfte; allen Mentoren, sei es in Zucht oder Hundesport, die ich getroffen und schätzen lernte, allen Welpenbesitzern, die unseren Welpen ein gutes Zuhause gegeben haben. Aus dem Hobby Hund haben sich viele Freundschaften und Bekanntschaften entwickelt, für die ich sehr dankbar bin und die mein Leben bereichern.

Ein besonderes Dankeschön geht auch an Dr. Jochen Becker, der es geschafft hat, die Intensität und Agilität dieser Rasse auf beeindruckenden Fotos einzufangen.

Danke an unser Fototeam: Sabine, Markus und Kevin Schmid, Gerlinde Putzke, Kerstin Wehner, Ola und Günther Schmidt, Christine Grimm, Marita Busis-Birmele, Inge und Charly Bühler mit ihren Aussies und an Michaela und Bernie Zimmermann (www.Bluesand-Horses.de) mit ihren Paints.

Für Jake

Während der Entstehung dieses Buches ist leider unser ältester Aussie Jake von uns gegangen. Es war eine sehr traurige Zeit. Aber wir sind sehr dankbar, dass er während der Jahre, die er bei uns war, unser Leben bereichert hat, uns ein treuer Gefährte und Freund war mit einer besonderen Sensibilität für alle Menschen. Jake, in unseren Erinnerungen wirst du weiterleben.

Literatur

Becker, Dr. Jochen:
Praxisbuch Hundefotografie
Brunsbek: Cadmos Verlag 2008

Beckmann, Gudrun:
Hunde sind doch Rudeltiere
Brunsbek: Cadmos Verlag 2000

Biereth, Werner: **Fährtenarbeit**
Brunsbek: Cadmos Verlag 2003

Bohn, Silke: **Rohfütterung für Hunde**
Brunsbek: Cadmos Verlag 2006

Bruns, Sabine/Wolff, Markus: **Hundefrisbee**
Brunsbek: Cadmos Verlag 2005

Burow, Inka/Narelli, Denise: **Dogdance**
Brunsbek: Cadmos Verlag 2005

Fruck, Dr. Valeska: **HD – Was nun?**
Brunsbek: Cadmos Verlag 2005

Jud, Ursula: **Flyball**
Brunsbek: Cadmos Verlag 2004

Kaiter, Christine: **Turnierhundesport**
Brunsbek: Cadmos Verlag 2007

Kaiter, Christine:
Fit für die Begleithundprüfung
Brunsbek: Cadmos Verlag 2007

Laser, Birgit: **Clickertraining**
Brunsbek: Cadmos Verlag 2000

Laser, Birgit: **Obedience**
Brunsbek: Cadmos Verlag 2006

Lau, Brigitte: **Agility**
Brunsbek: Cadmos Verlag 2002

Nassek, Manuela: **Heelwork to Music**
Brunsbek: Cadmos Verlag 2001

Adressen

Verband für das deutsche Hundewesen e.V. (VDH)
Westfalendamm 174
44141 Dortmund
www.vdh.de

Club für Australian Shepherd Deutschland e.V.
Weiler 7
78199 Bräunlingen-Weiler
www.australian-shepherd-ig.de

Australian Shepherd Club Schweiz e.V.
Feldrainstrasse 15
3098 Köniz
Schweiz
www.australian-shepherd-club.ch

Australian Shepherds of Austria
Hauffgasse 8/3/10
1110 Wien
Österreich
www.australianshepherds.at

Stichwortregister

Allergien 74
Analbeutel 68
Angst 14,18,38,40,47,60,62
Arbeitsweise . . . . 18 ff.
Augen 14,17,31,67,68
Augenerkrankungen 32,72
Augenuntersuchung 28,32,69,72,73
Auslauf 26
Ausstellung . . . . 34, 58, 62 ff.
Begleithundprüfung . . . . 49 ff.
Beschäftigung 25
Bindung . . . . 23, 37 ff., 51
Black-Tri 12, 27
Bluemerle 10, 14, 17, 27
Charakter . . . . 13, 14, 19 ff., 47, 76
Dogdancing . . . . 58 ff.
Ellenbogendysplasie 28, 71
Ernährung . . . . 64 ff., 23
Erziehung 33, 36, 38, 49
Fährtenarbeit . . . . 54 ff.
Fell . . . . 66 ff.
Fertigfutter 65
Flyball . . . . 57 ff.
Frisbee . . . . 56 ff.
Futter 33, 41, 45, 65, 66, 71
Gehorsamkeit 60
Grundausbildung 60, 68
Haltung 7, 21, 22, 27, 65
Hüftgelenkdysplasie 66, 70
Hundeschule . . . . 38 ff.
Hüteinstinkt 10, 19
Hüten 19, 21, 26
Impfung . . . . 68 ff.
Jagdtrieb 23

Krallen 16, 67, 68
Langeweile 44
Leinenführigkeit 33
Leistungsbereitschaft 42
Lernmotivation 42
MDR-Gendefekt 28, 69, 74
Motivationsmittel 42, 45
Obedience . . . . 26, 52 ff., 71
Pflege . . . . 64 ff.
Rassestandard . . . . 11, 12, 13 ff.
Redmerle 14, 17
Reitbegleithund . . . . 38, 59 ff.
Rettungshundearbeit 61
Rohfütterung 65
Rudelhaltung 19, 22, 30, 65
Schafe 7, 9, 18, 19, 26, 59
Sozialhund 61
Sozialisation 28
Spaziergang 26, 33, 38, 44, 45
Spielen 20, 38, 44
Stress 21, 23, 29, 42, 47, 62
Stubenreinheit . . . . 36 ff.
Temperament 12, 19, 20, 27, 30, 46
Therapiehund . . . . 61 ff.
Training . . . . 36 ff., 41 ff., 51, 58, 60, 62, 63
Treibball . . . . 59 ff.
Triebstärke 19, 27
Turnierhundesport . . . . 53 ff., 71
Verhalten . . . 13, 18, 20 ff., 39, 41, 47, 49, 60, 68
Vertrauen 27, 38, 40, 41, 47, 61
Wesen 13, 35, 60, 62
Zähne 14, 18, 63, 67, 68
Zucht 9, 11, 31, 63, 70, 71, 74
Züchter . . . . 26 ff.

CADMOS
HUNDEBÜCHER

Dr. Jochen Becker
Praxisbuch Hundefotografie

Alle Hundebesitzer wünschen sich schöne Fotos von ihren geliebten Vierbeinern. Dieses Praxisbuch bietet erstmals alle wichtigen Informationen, die man braucht, um gelungene Hundefotos machen zu können. Einsteiger erhalten einen vollständigen Ratgeber, der ambitionierte Fotograf ein aktuelles Nachschlagewerk.

96 Seiten, gebunden
ISBN 978-3-86127-801-6

Sabine Bruns/Markus Wolff
Hundefrisbee

Hundefrisbee, eine Sportart für aktive Mensch-Hund-Teams, bei der es nicht nur um Geschicklichkeit und Schnelligkeit, sondern vor allem um die richtige Kommunikation geht.
Dieses Buch zeigt den richtigen Trainingsaufbau für Anfänger und Fortgeschrittene.

128 Seiten, gebunden
ISBN 978-3-86127-785-9

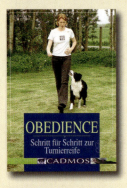

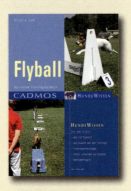

Birgit Laser
Obedience

Obedience ist ein Sport für jeden Hund und jeden Hundehalter. Das Buch zeigt, wie das Training Schritt für Schritt so aufgebaut wird, dass sich keine Fehler einschleichen und Situationen für den Hund geschaffen werden, die zum Erfolg führen.

112 Seiten, gebunden
ISBN 978-3-86127-705-7

Ursula Jud
Flyball

Für spielbegeisterte Hunde gibt es kaum einen größeren Spaß als Flyball. Das kleine Trainingshandbuch erklärt die Regeln des schnellen Spiels um den fliegenden Ball und leitet an: Vom ersten Ball-Test bis zur Wettkampf-Reife eines Hundes.

32 Seiten, broschiert
ISBN 978-3-86127-666-1

Christin Kaiter
Fit für die Begleithundprüfung

Die Begleithundprüfung gilt inzwischen als Voraussetzung für jede anerkannte Hundesportart. Vorbereitung und konsequentes Training für ein erfolgreiches Bestehen der Begleithundprüfung werden in diesem Buch, das auch das aktuelle Turnierreglement enthält, gut verständlich und leicht umsetzbar beschrieben.

80 Seiten, broschiert
ISBN 978-3-86127-751-4

Cadmos Verlag GmbH · Im Dorfe 11 · 22946 Brunsbek
Tel. 04107 8517-0 · Fax 04107 8517-12
Besuchen Sie uns im Internet: www.cadmos.de